国家出版基金项目
NATIONAL PUBLICATION FOUNDATION

满族语言与文化研究丛书

主编◎郭孟秀　副主编◎长　山

满族社会文化
变迁研究

MANZU SHEHUI WENHUA BIANQIAN YANJIU

阿拉腾等◎著

社会科学文献出版社
SOCIAL SCIENCES ACADEMIC PRESS (CHINA)

黑龍江大學出版社
HEILONGJIANG UNIVERSITY PRESS

图书在版编目（CIP）数据

满族社会文化变迁研究 / 阿拉腾等著 . -- 哈尔滨 ：
黑龙江大学出版社 ；北京 ：社会科学文献出版社 ，
2021.9
（满族语言与文化研究丛书 / 郭孟秀主编）
ISBN 978-7-5686-0606-6

Ⅰ . ①满… Ⅱ . ①阿… Ⅲ . ①满族－民族文化－研究
－中国 Ⅳ . ① K282.1

中国版本图书馆 CIP 数据核字（2021）第 002374 号

满族社会文化变迁研究
MANZU SHEHUI WENHUA BIANQIAN YANJIU
阿拉腾等　著

责任编辑　魏　玲　尉一平　刘　霖
出版发行　黑龙江大学出版社　社会科学文献出版社
地　　址　哈尔滨市南岗区学府三道街 36 号　北京市北三环中路甲 29 号院华龙大厦
印　　刷　哈尔滨市石桥印务有限公司
开　　本　720 毫米 ×1000 毫米　1/16
印　　张　11
字　　数　153 千
版　　次　2021 年 9 月第 1 版
印　　次　2021 年 9 月第 1 次印刷
书　　号　ISBN 978-7-5686-0606-6
定　　价　40.00 元

总　序

　　由黑龙江大学出版社联合社会科学文献出版社组织策划的满族语言与文化研究丛书即将出版。丛书荟萃《清代满语文对蒙古语言文字的影响研究》（长山著）、《朝鲜语与满－通古斯语族同源词研究》（尹铁超著）、《满语修辞研究》（魏巧燕著）、《满语借词研究》（哈斯巴特尔著）、《满语认知研究：形态、语义和概念结构》（贾越著）、《俄藏满文文献总目提要》（王敌非著）、《满族社会文化变迁研究》（阿拉腾等著）、《濒危满语环境中的满族祭祀文化》（阿拉腾著）、《满洲崛起对东北少数民族文化认同的影响》（郭孟秀著）、《清代黑龙江地区世居民族交往交流研究》（吕欧著）、《清代东北流人视野中的满族社会生活》（高松著），共十一部力作，是近年来黑龙江大学满学研究院研究成果的集中展现，也是诸位学者"博观而约取，厚积而薄发"的必然结果；同时也体现出黑龙江大学出版社慧眼识金，为满学研究把薪助火的专业精神。在本丛书的十一部著作中，可以归类为满语（通古斯语族）语言学的有五部，可以归类为文化人类学的有四部，另有古籍类一部，民族史类一部。其中涉及满族语言文字方面的内容，笔者并非相关领域专家，无从评价。以下是阅后的几点思考，是为序。

　　首先，是关于满族文化内涵的思考。

本套丛书把内容定位为"语言与文化"，以展示黑龙江大学满学研究院在满族语言文化研究方面取得的优秀成果。阅读这套丛书后，笔者欲从历时和地理空间的角度思考满族文化的内涵，以便更深刻地理解丛书的内容。

尹铁超教授在《朝鲜语与满－通古斯语族同源词研究》一书中，将同源词研究上溯到了中国古代地方民族政权高句丽国的高句丽语和三韩语，把朝鲜语、高句丽语、满－通古斯语族诸语作为比较研究的对象。郭孟秀研究员提出，满族文化研究的内容框架可参考文化哲学三个层面的研究主题，即对文化现象的一般考察，关于文化的社会历史透视，以及关于文化的价值思考。他认为，除了第一个层面外，满族文化研究在其他两个层面都比较匮乏。① 这一观点无疑是正确的，非常有价值的。阿拉腾等在《满族社会文化变迁研究》一书中对满族文化进行了历时的分期。特别重要的是郭孟秀研究员在《满洲崛起对东北少数民族文化认同的影响》一书中对满族文化进行了纵向、历时的思考，将肃慎族系文化作为整体进行分类研究，包括肃慎－挹娄、勿吉－靺鞨、宋金时期女真人、元明时期女真人，研究其文化特征和满洲文化的形成。从历史发展过程的角度思考满族及其先民的文化的形成、演变过程，无疑为我们提供了非常有意义的研究视角。郭孟秀研究员还在满族文化的内涵研究上进行了创新，提出底层文化（渔猎文化）、表层文化（农耕文化）的概念，并首创满洲文化"轴心期"的新观点，即满洲人学汉语、习汉俗是一种文化选择的结果，更是文化有机体生命力的一种展示。对满族人来说，作为核心的渔猎文化与作为次核心的农耕文化在这一时期既存在一种亲和的相互融合的状态，同时又各自保留具有独立特征的文化张力，是文化二元结构的最佳状态，为满洲文化的发展提供了广阔的空间和愿景。此时的满洲文化表现出未特定化和未确定性，处于充满无限可能的"方成"而非"已成"状态，是满洲文化轴心期的重要标志。而在此之前，满学界就已经开始从人类发展史的角度审视

---

① 郭孟秀：《满族文化研究回顾与反思》，载《满语研究》2016 年第 1 期。

满族文化的形成发展过程。在全国"首届满族文化学术研讨会"上，有学者提出满族文化发展的三个阶段，即远古时期、满洲鼎盛时期（努尔哈赤进入今辽沈以后）、中华人民共和国成立以后的满族新文化时期。有学者提出清朝时期满族文化的四个类型：留守型文化、屯垦型文化、留守与驻防交叉型文化、驻防型文化。驻防型文化层次最高，留守、屯垦型文化保留传统内容较多。① 但此次研讨会以后，从人类发展史的角度和自然地理空间的角度研究满族文化的成果还是较少。而满族语言与文化研究丛书的出版，将会成为帮助我们更加全面地了解满族文化内涵的重要资料。

中国远古的文化，由于处于相对封闭的自然地理空间而呈现出独立发展的地域土著特征，很少受到族系外民族的冲击和干扰，形成了自身的半闭环的交流循环体系，黑龙江流域便是中国相对封闭的自然地理空间中的重要一环。黑龙江流域以北是不太适合远古人类生存的，外兴安岭南缘只发现了零星的新石器遗址，而在黑龙江流域内，新石器文化的遗存才开始密集、丰富起来。在满族先民生存的黑龙江下游流域以及乌苏里江、松花江下游流域，其北部是没有外敌存在的，而其东部是大海，只有西部和南部面临着濊貊－夫余族系的威胁，即夫余和高句丽。在公元7世纪前，肃慎族系与濊貊－夫余族系间形成了弱平衡关系，在长期的历史发展过程中塑造了具有独特地域特征的文化，即北东北亚类型的渔猎文化。而一旦离开这一具有独特自然地理特征的区域，就会发生文化类型的明显演变。笔者认为，在远古时期，自然地理状况对人类社会的发展进程起到决定性的影响，几乎所有的文明古国都不曾脱离这一规律。古埃及、古巴比伦、古印度文明的发生区域有一个共同的因素，即大河、平原和适合于旱地农业发展的环境。这些文明古国自然地理空间的开放性导致了其文明的中断，而相对封闭的地理空间环境则成为中国古代文明绵延不断的有利条件之一。中国古代文明的发生因素同样是大河（黄河）、平原，黄河从上游至下游流经宁夏平原、河套平原、汾渭平原、华北平原，特别是汾渭平原和

---

① 周凤敏：《"首届满族文化学术研讨会"综述》，载《满族研究》1990年第1期。

华北平原，作为古中国文明的发生地域，远古农业十分发达。据考证，这些地方距今五千年左右出现青铜器，距今三千多年出现象形文字——甲骨文。这些条件与其他三个文明古国有相似之处，即适合远古农业发展的大河、平原，以及象形文字和青铜器。

历史事实证明，黑龙江干流流域不适合旱地农业的发展，若不脱离这一区域便不可能进入古代的文明社会，而是长期滞留于原始的氏族－部落社会。比如，东胡族系的鲜卑人和契丹人在脱离这一区域南下直至中原后，才有机会进入到奴隶制社会，最终进入到封建社会；蒙古族脱离这一区域到漠北草原后才进入到奴隶社会。而那些没有机会脱离黑龙江干流流域的诸氏族部落，比如埃文基人（鄂伦春、鄂温克人）、那乃－赫哲人、乌尔奇人、乌德盖人、尼夫赫人、奥罗奇人、奥罗克人等25个土著"民族"，则根本没有机会脱离氏族－部落社会。因此，我们可以把满族的传统文化划分为四种类型：第一种类型是没有脱离黑龙江干流下游流域、乌苏里江流域、松花江干流下游流域的满族先民的文化，他们仍然处于氏族－部落社会，狩猎、捕鱼是其文化的核心特征，比如肃慎、挹娄、勿吉、靺鞨的大部分及生女真、野人女真等；第二种类型是源自黑水靺鞨的女真人建立金朝后形成的该时期的女真文化；第三种类型是以粟末靺鞨为主建立的渤海国的文化，粟末部是夫余人和勿吉人融合形成的，《旧唐书》记载为"涑沫靺鞨"或"浮渝靺鞨"①，受夫余人影响，粟末靺鞨文化具有鲜明的中原文化特征；第四种类型就是女真－满洲－满族文化，简称满族文化，建立清朝的核心是建州女真，其主要部落胡里改部的源头是黑龙江下游以北的乌德盖部落，逐步迁移至松花江中游（今依兰县）。元末明初，胡里改部和斡朵里部先后南迁，开启了满洲族的历史，也创造了满洲族文化。分析这四种类型的文化我们发现，渤海文化、女真文化、女真－满洲－满族文化之间并没有继承关系，而是表现出明显的差异性，它们的共同点是其源头都与黑龙江下游的原始部落相关，在恶劣的自然环境下形

---

① 刘昫等：《旧唐书》第05部，陈焕良、文华点校，岳麓书社1997年版，第991、992页。

成的剽悍、刚烈和无所畏惧的精神，或许就是它们文化共同性的体现。所以，如果我们用"肃慎－满洲族系"文化来命名满族及其先民的文化的话，其特点则是多样性中蕴含着共同性，且多样性超过其共同性。满族文化包括满族先民的文化（黑龙江下游流域的氏族－部落文化、渤海文化、建立金朝的女真文化）、满族传统文化和革命文化、社会主义先进文化。满族的传统文化处于濒危状态，但满族的现代文化（社会主义先进文化）则正处于形成、发展的过程中，而且必然是综合性的、复合型的新文化。不能将满族现代文化的形成发展视为"汉化过程"，因为这完全违背了中国历史的发展过程。新石器时代的六大文化区系①和六大文化区②，以及先秦时期华夏"中国"的"天下"中夷夏分布、交错杂居的事实，包括秦、楚、吴、越等融入华夏的历史，这些都说明是各民族共同创造了华夏文化。满族现代文化的建设处于中华现代文化建设的范围中，表现为核心文化（中华文化核心价值观、精神力量）的统一和表层、深层文化（满族文化）多样性的统一。中国其他各民族的文化同样处于现代文化的重塑过程中。

其次，是关于满族文化濒危问题的思考。

所谓"濒危文化"包括物质的、非物质的正在消失的文化，而且是不可逆转地即将消失的文化。既然是濒危的文化，其所依存的人文条件和自然地理条件就都已经处于消失的过程中，所以，濒危文化不具有传承性，因为文化的本体内涵和形式都已经经历了长期的变异过程，失去了传播的功能性基础。濒危文化的原始内涵是不可复原的，因为其最核心的文化内涵已经不复存在。比如现在东北地区还存在一些"活态"的萨满祭祀仪式，但无论是规模还是功能都区别于以往。在本套丛书中，《清代满语文对蒙古语言文字的影响研究》《朝鲜语与满－通古斯语族同源词研究》《满语修辞研究》《满语借词研究》《满语认知研究：形态、语义和概念结构》

---

① 苏秉琦、殷玮璋：《关于考古学文化的区系类型问题》，载《文物》1981 年第 5 期。
② 严文明：《中国史前文化的统一性与多样性》，载《文物》1987 年第 3 期。

《濒危满语环境中的满族祭祀文化》，均属于濒危文化研究的范畴。"黑龙江省富裕县三家子村、孙吴县四季屯等一些满族村屯中还有十几位满族老人能够较为熟练使用满语，满语口语即将彻底退出历史舞台。对基础满语语法、满语修辞、满语与锡伯语比较等方面的研究，是在书面语的层面对满语所做的继承与保护，这项工作可以让满族语言作为满族文化的一部分存续下去。"这是本套丛书立项报告中的表述，笔者深以为然。满族濒危文化严格表述应为"满族濒危传统文化"，即将退出社会功能的是过去的文化，而满族新的文化即社会主义先进文化正处于建设过程中，因此从整体视角看，满族文化不存在濒危的问题，而是在发展中出现了变迁。《满族社会文化变迁研究》就是从这个视角进行的研究，非常具有现实意义。

基于上述认识，笔者个人的观点是要重视满族濒危传统文化的资料库建设（文字记载、影像资料制作、博物馆展示建设等）和专业化研究，做好这些工作的基础是有效的精英人才培养机制，如黑龙江大学开展的满族语言文化方向的本科生和研究生培养工作，就是很有远见的举措。满族优秀的传统文化是中华文化的组成部分，我们有责任，更有能力，对其进行深入、系统的研究。

再次，是关于满族语言与文化研究重要价值的思考。

郭孟秀研究员认为，目前针对满族文化价值方面的研究是比较匮乏的，该观点抓住了满族文化研究存在的突出问题。满族及其先民创造了恢宏而又多样的优秀民族文化，诸如渤海文化、女真文化和女真－满洲－满族文化，是中国古代北方地区最具影响力的少数民族文化，对中华文化的发展做出了杰出贡献。从我国旧石器晚期到新石器早期的人类发展状况来看，中原地区并不总是走在前面，先进的文明也并不都是从中原向四周扩散。比如距今约八千年的阜新查海文化的玉器，距今五六千年的红山文化的庙、祭坛、塑像群、大型积石冢、玉猪龙等成套玉器，都说明苏秉琦先生认为中华文明"满天星斗"的观点是正确的。至少在某一个时期内，中原地区还未发现"具有类似规模和水平的遗迹"而走在前面的文明，当然，这并不影响中原地区作为古中国文明核心区域所起到的引领作用。东北地区史前文化的顶峰显然是前红山－红山文化，它作为华夏文化的边缘和"北狄"文化的腹地，成为中华文化向东北地区传播的枢纽和通道，最先受到影响的是濊貊－夫余族系，而后是东胡族系，最后受影响的肃慎－满洲族系却创造了三种类型的文化，从公元7世纪末开始间断影响中国北部一千多年，是少数民族文化与中华文化融合的典型范例。满族先民所创造的这些优秀文化对中华文化的贡献没有得到学界应有的重视，研究成果较少，这是非常遗憾的。应该特别重视女真人两次入主中原、粟末靺鞨人建立"海东盛国"渤海的文化因素研究，以及这些满族先民的文化向中原文化靠拢的原因，这些都是满族文化价值研究的重要课题，但不限于此。"满族缔造的清朝，持续近三百年，对中华民族的近现代历史与文化都产生了重要的影响。因此，从中华民族文化大局的角度研究满族文化具有重要的历史意义与现实意义。"这是本套丛书的重要意义和价值所在。

丛书中《满洲崛起对东北少数民族文化认同的影响》《清代满语文对蒙古语言文字的影响研究》《清代东北流人视野中的满族社会生活》《清代黑龙江地区世居民族交往交流研究》四部著作对满族文化的价值进行了探讨。后金－清政权在入关前，分别发动了对蒙古、赫哲、索伦等族的一系列统一战争，建立了牢固的同盟关系，稳固了后方，同时进一步将中华文化传播到这些地区。通过清朝的统治，东北少数民族逐步接受中华文化并且开始认同中华文化，有一个重要的途径就是通过接受、认同满洲文化来渐次接受、认同中华文化，满洲文化"中华化"的过程使得中华文化在东北少数民族中的传播和影响更为深入、稳固，这是满族文化对中华文化历史建设的重要贡献。当然，这一贡献并不局限于东北地区，还包括中国其他的少数民族地区。

在先秦时期，"天下观"中存在"教化天下"的内涵，自秦朝始，"教化天下"演化出中央与边疆之间"因俗而治"、羁縻制度、土司制度以及朝贡－封赏等多种形式的政治关系，实则是"教化观"外溢扩展的结果。先秦时期"教化天下"不等于华夏"中国"实际控制的"天下"，带有礼治的想象成分，两种"天下"合二为一实现于清朝。也可以这样认为：满洲文化的"中华化"使得先秦时期想象的"天下"和"教化天下"在清朝统一于实践的"天下"。"大一统"的理想之所以能够在清朝实现，文化一统是重要的条件，而在这一过程中，满洲文化"中华化"的贡献是关键因素，其当然成为满族文化价值研究的重要内容。

在满族文化中，语言文字具有重要而独特的学术研究价值。《俄藏满文文献总目提要》等著作就是这方面的研究成果。满文古籍文献包括档案、图书、碑刻、谱牒、舆图等，数量居 55 个少数民族文字古籍文献之首。"清代，特别康熙、雍正、乾隆三朝，大量公文用满文书写，形成了大量的满文档案。用满文书写印制的书籍档案资料，及汉文或别种文字文献的满译本，构成了满文文献的全部。"此外，中国第一历史档案馆所藏满文文献，就有一百五十万件左右。辽宁、吉林、黑龙江、内蒙古、西藏、北京等省、市、自治区的档案部门或图书馆，中央民族大学、北京大学等大学的图书馆，以及中国社会科学院民族学与人类学研究所等研究机构的图书馆，均藏有满文文献。北京、沈阳、台北是我国三大满文文献收藏宝库。由于历史变迁等一些举世周知并令人难忘的原因，我国珍贵的满文文献还流散在世界各地，如日本、韩国、俄罗斯、英国、美国等地。[①]比如，日本有镶红旗文书（从雍正至清末）资料 2402 函。1975 年，美国国会图书馆藏有满文文献 8916 册。因此，我国必须培养一批相当数量的满语言文字方面的专业人才，翻译和研究浩如烟海的满文文献，与其他文字的文献对照、补充，还原更加真实、完整的清朝历史与文化，寻觅无文字民族的历史与文化的面貌，其价值自不待言。本套丛书中满语言文字研究方面的著作，就属于这类成果。

最后，是关于满族文化与中华文化关系的思考。

在《满洲崛起对东北少数民族文化认同的影响》一书中，郭孟秀研究员认为东北少数民族对中华文化认同的形成过程，是通过对国家政权的认同发展到对满洲文化的认同，再由此升华到对中华文化的认同。这是非常

---

① 富丽：《满文文献整理纵横谈》，载《中央民族学院学报》1984 年第 3 期。

新颖而有创意的观点。笔者认为,在这个过程中,满洲文化的逐步"中华化"是影响清朝各民族对中华文化产生认同的关键因素。李大龙教授认为,"建立清朝的满洲人则不仅没有回避其'东夷'的出身,反而在天子'有德者居之'旗号下对魏晋以来边疆政权对'大一统'观念继承与发展的基础上有了更进一步发扬,目的是在确立满洲及其所建清朝的'中国正统'地位的基础上实现中华大地更大范围内的'大一统'"①。"大一统"观念自秦朝开始拓展其内涵,从单纯的华夏"中国"统治的合法性、正统性,逐渐形成中央王朝文化一统、政治一统、疆域一统、族系一统等内涵的综合概念,其中,文化一统是实现其他"大一统"的基础。所以,清朝统治者在顶层文化上推行以儒家思想为基础的中华文化,在基础层文化上采取"修其教不易其俗,齐其政不易其宜"②的政策,既包容差异,又实现了中华文化核心价值的统一。在这一过程中,满族文化必然向"中华化"的方向发展,因为文化政策必须服从于统治的合法性和稳定性。

研究满族文化与中华文化的关系,首先要知道什么是中华文化。习近平总书记对此指出:"我们灿烂的文化是各民族共同创造的。中华文化是各民族文化的集大成。"③ 在 2021 年的中央民族工作会议上,习近平总书记又指出:"要正确把握中华文化和各民族文化的关系,各民族优秀传统文化都是中华文化的组成部分,中华文化是主干,各民族文化是枝叶,根深干壮才能枝繁叶茂。"④ 满族的优秀传统文化亦是中华文化的组成部分,中华文化认同是由包括满族文化在内的各民族文化认同的基础文化层级和中华文化认同的国家文化层级组成的,基础文化层级不应具有政治属性,而国家文化层级则必然具有政治属性。中华文化认同是在认同中华各民族

---

① 李大龙:《农耕王朝对"大一统"思想的继承与发展》,载《云南师范大学学报(哲学社会科学版)》2020 年第 6 期。

② 《礼记·王制》,见杜文忠:《王者无外:中国王朝治边法律史》,上海古籍出版社 2017 年版,第 72 页。

③ 《习近平:在全国民族团结进步表彰大会上的讲话》,新华网,2019 年 9 月 27 日。

④ 《习近平在中央民族工作会议上强调 以铸牢中华民族共同体意识为主线 推动新时代党的民族工作高质量发展》,新华网,2021 年 8 月 28 日。

文化形成和发展历史的基础上，对中华顶层文化的价值观、精神的认同，或者说顶层文化已经属于国家文化的范畴，每个民族的文化认同都不能与之等同，每个民族的文化都不等同于中华文化。这就厘清了满族文化与中华文化的关系，即枝叶与主干的关系，基础层级与顶层（国家文化）的关系。这一认识应该成为开展满族文化研究的原则，也就是说既不能把满族文化的研究政治化，也不能认为开展满族传统文化研究和发展满族现代文化就有害于中华文化认同，就与极端的、狭隘的民族主义有联系。开展满族文化研究与发展满族现代文化是中华文化建设的一部分，不影响中华文化共同性的增进，包容和尊重差异的共同性才会更有生命力和凝聚力。正常的差异并不会成为中华文化建设的障碍，处理得当，反而会成为动力。

满族语言与文化研究丛书的出版，体现了上述四个思考中提到的理念，笔者期盼更多此类研究成果涌现。

中国民族理论学会副会长，

延边大学、黑龙江大学兼职教授、博导，都永浩

总 导 言

　　满族（满洲）既是一个历史民族，也是一个现代民族，独特的发展历程铸就了其别具一格的文化特质，使之成为中华文明大花园的一朵奇葩。形成于明朝末年的满洲民族共同体，素有"马背上的民族""引弓民族"之称。满族族源可追溯至商周时期的肃慎，汉至两晋时期的挹娄（肃慎），北魏时期的勿吉，隋唐时期的靺鞨，宋、元、明时期的女真等均为肃慎后裔，也是满族的先世。这些部族长期繁衍生息于我国东北的"白山黑水"之间，在军事、政治、社会、文化上都创造了辉煌的成就，对中华民族文化的形成发展影响重大，意义深远。正如著名社会学家、人类学家费孝通先生所言，中华民族是由56个民族构成的多元一体，各民族文化的多样性构成了中华文明的丰富性。因此，研究满族语言及其历史文化具有重要的学术价值与现实意义。

　　全国唯一专门的满语研究机构——黑龙江省满语研究所自1983年成立以来，本着"把科研搞上去，把满语传下来"的办所宗旨，组建了国内第一个满语研究团队。自20世纪80年代以来，黑龙江省满语研究所充分利用地缘优势，连续对日趋濒危的满语进行抢救性调查，采用录音、录像等现代化手段，对黑河地区、齐齐哈尔地区和牡丹江地区仍然能够使用满语的满族老人进行连续性跟踪调查记录，完整保存活态满语口语原始资料。

近年来，抢救性调查范围拓展至赫哲语、鄂伦春语、鄂温克语、那乃语与锡伯语，搜集了较为全面丰富的满 – 通古斯语族诸语言调查资料。此外，黑龙江省满语研究所对满语语音、语法、词汇等基本理论问题展开了系统的分析研究。

1999 年 11 月，黑龙江省满语研究所整建制迁入黑龙江大学，组建黑龙江大学满族语言文化研究中心，研究领域由单一满语拓展至满族历史与文化，并利用黑龙江大学的人才培养机制，陆续创建与完善中国少数民族语言文学（满语）学士、硕士与博士三级学位培养体系，目前共培养满语本科、硕士、博士毕业生近 170 人。中国少数民族语言文学（满语）专业培养了大量的满语专业人才，毕业生多于满文档案保管机构从事满文档案整理与研究工作。2019 年 6 月，为适应学科建设发展需要，满族语言文化研究中心正式更名为满学研究院，标志着黑龙江大学满学学科建设迈上一个新台阶，成为集满语满学研究、满语人才培养、满族文化传承于一体的教学科研机构。经过几代人的努力，黑龙江大学满学研究团队以学科特色鲜明、学术积淀厚重、学科体系完善、学术研究扎实而享有一定学术声誉和社会影响力。

满族语言与文化研究丛书拟出版的 11 部专著即为满学研究院科研人员的近期学术成果。其中以满语研究为主题的成果 4 部，哈斯巴特尔《满语借词研究》，长山《清代满语文对蒙古语言文字的影响研究》，贾越《满语认知研究：形态、语义和概念结构》，魏巧燕《满语修辞研究》；以亲属语言比较研究为主题的 1 部，尹铁超《朝鲜语与满 – 通古斯语族同源词研究》；以满文文献研究为主题的 1 部，王敌非《俄藏满文文献总目提要》；以满族历史文化研究为主题的 5 部，阿拉腾《濒危满语环境中的满族祭祀文化》，郭孟秀《满洲崛起对东北少数民族文化认同的影响》，阿拉腾等《满族社会文化变迁研究》，吕欧《清代黑龙江地区世居民族交往交流研究》，高松《清代东北流人视野中的满族社会生活》。丛书研究既涉及基础理论问题，又涵盖以问题为中心的专题探讨；研究主题多偏重于历史范畴，亦有基于田野调查的现实问题研究。

这批成果是黑龙江大学满学研究院的教学科研人员经过一定时期的积累，秉持严谨的态度所推出的原创性成果。但是，学无止境，受自身专业与研究能力限制，相关研究或许还存在一些局限与不足，希望得到学界师友批评指正。

满语文已经退出或者说正在淡出历史舞台，不再具有现实应用性的交际交流功能。因而，满语文研究，乃至以满语文研究为基础的满学研究已经成为"具有重要文化价值和传承意义的绝学冷门学科"。在现代语境下，抢救保护与开发研究少数民族语言文化是一项意义重大而充满艰辛的事业，需要学术工作者坚持严谨的学术操守，抵制急功近利的诱惑，甘于"板凳要坐十年冷"的寂寞，同时更需要社会各界的大力支持与积极参与。

满族语言与文化研究丛书的出版要特别感谢香港意得集团主席高佩璇女士。自 2009 年开始，高佩璇女士从中华民族传统文化传承与保护的高远视角，先后出资 700 余万元资助黑龙江大学与香港大学饶宗颐学术馆合作开展"满族文化抢救开发与研究"项目。该项目旨在对现存活态满族文化进行抢救性调查与挖掘，对现存满文档案开展整理翻译与研究开发，以加强后备人才培养，拓展深化满族语言与历史文化研究。德高望重的国学大师饶宗颐先生大力倡导这一功在当代、利在千秋的民族文化事业，并为项目亲自题写牌匾"满族文化抢救开发与研究"。高佩璇女士以黑龙江省政协常务委员身份，多次撰写建议提案，向各级领导及社会呼吁关注支持满学研究与满族文化事业，并得到省委、省政府、省政协领导的重视与批示，彰显了深切的民族情怀与企业家的担当奉献精神。香港大学饶宗颐学术馆馆长李焯芬教授、副馆长郑炜明教授等在项目论证和实施中开展了大量细致工作。经过项目组成员十余年的努力，目前项目第二期即将结项，此次出版的 11 部专著即为该项目第二期的部分成果。在此谨向令人敬仰与怀念的饶宗颐先生（已故）致以敬意，向高佩璇女士等支持关注满学事业的社会各界仁人志士表示由衷感谢。

满族语言与文化研究丛书出版之际，还要感谢黑龙江大学领导及黑龙江大学重点建设与发展工作处的大力支持。感谢黑龙江大学出版社的帮助，正是在他们的努力下，本丛书得到了国家出版基金的资助；他们对所有选题进行认真审核，严把意识形态关，并邀请相关领域专家对每部专著内容予以审读，提出修改建议，大大提升了学术成果的严谨性。部分论著涉及满语文及音标，给录入排版造成了一定困难，幸有诸位编辑不辞辛苦，认真校对，保证内容的规范与质量，在此一并致谢！

黑龙江大学满学研究院院长，

博导、研究员，郭孟秀

前　言

　　为了摸清有关满族社会历史的总体状况，20 世纪 50 年代时曾由国家民委组织中国科学院、中央民族学院、北京大学等单位对全国满族聚居的 12 个省、自治区、直辖市，共计 19 个地点做了大规模的调查，形成 19 份调查报告，经整理后于 1985 年以《满族社会历史调查》为名，由辽宁人民出版社出版。如今，距离上次调查已经过去半个多世纪，满族的社会文化环境发生了巨大的变化，因而有必要以当时的状况作为参照点，再次组织调查，确认满族的社会文化发生了哪些变化，有哪些文化要素已经消失，哪些文化要素被保留了下来，哪些文化要素处于濒危状态，以此对满族文化的现状形成微观及宏观上的认识。就此，黑龙江大学满学研究院以全体研究人员为核心，联合本研究院研究生及所涉及地方政府和相关研究者，组成调查及抢救团队，就上述诸方面课题展开田野调查，为濒危文化抢救提供相关信息。

　　在我国的 55 个少数民族中，满族人口超过 1 000 万，是中国人口规模第三大的少数民族。现在满族人口主要分布在：（1）辽宁、吉林、黑龙江三省及内蒙古自治区；（2）北京及邻近的河北省；（3）长城以内的一些重要城市，基本上都是清代时有八旗驻防的战略要地。从 1985 年国家建立第一个满族自治县——新宾满族自治县开始，迄今共有 11 个满族自治县建立。其中辽宁省6个，分别是新宾满族自治县、宽甸满族自治县、岫岩满族自治县、清原满族自治县、本溪满族自治县、桓仁满族自治县；吉林省1个，为伊通满族自治县；河北省4个，分别是青龙满族自治县、丰宁满族自治县、宽城满族自治县、围场满族蒙古族自治县。满族民族乡（镇）则为数众多，其中辽宁省87个、吉林省11个、黑龙江省11个、河北省7个、北京市3个、天津市1个、内蒙古自治区3个。另外，内蒙古自治区兴安盟科右前旗满族屯满族乡的满族，因其为唯一从事游牧生计活动的满族群体而别具特色。

随着国家对民族文化重视日甚，尤其是非物质文化遗产保护工作在全国范围内的推进，从联合国非物质文化遗产到国家级、省级、市级非物质文化遗产都有满族文化名录。联合国人类非物质文化遗产有满族剪纸；国家级非物质文化遗产有满族说部、满族民间故事、满族珍珠球、满族二贵摔跤、满族刺绣（岫岩满族民间刺绣、锦州满族民间刺绣、长白山满族枕头顶刺绣）、满族剪纸（长白山满族剪纸、医巫闾山满族剪纸、岫岩满族剪纸、新宾满族剪纸、丰宁满族剪纸）等；省级非物质文化遗产有辽宁省的兴城满族大秧歌、沈阳东陵满族民间故事、抚顺满族民间故事、本溪满族民间故事、辽东满族民间故事等，吉林省的满族新城戏、满族萨满骨质神偶制作技艺等，黑龙江省的满族萨满神话、女真谱评、满族萨满神调、满族巴拉莽式等。

本系列调查主要集中在黑龙江省满族聚居地区，或满族居住人口较多、历史较为悠久的地市、县、乡。其一为齐齐哈尔地区，调查团队前往克东、富裕、泰来、富拉尔基区、铁锋区扎龙镇等地区，针对满族文化特别是满族非物质文化遗产进行了系统的调查，包括在各县区文化遗产管理部门了解总体情况，调阅、收集相关资料（包括文字介绍、照片、录像等），与非物质文化项目传承人座谈，现场观看表演项目等。调查的主要内容有克东满绣、富裕县三家子村满语、泰来大兴萨满舞蹈、富拉尔基花棍舞、扎龙满语、齐齐哈尔满族歌曲等。其二为牡丹江地区，调查团队前往海林、牡丹江、宁安三市进行了调查。该地区的满族省级非遗项目多达

50 余项，如满族踢行头、满族欻嘎拉哈、满族东海莽式舞、满族萨满神话、满族萨满家祭、满族萨满神调、满族采参习俗、满族八大碗、傅英仁满族故事等。调查团队不仅收集了大量相关的照片、录像及书面资料，而且对非遗传承人进行了专访调查。其三为黑河地区，课题组赴黑河市四嘉子满族乡、瑷珲镇、大五家子乡、坤河达斡尔族满族乡、新生鄂伦春族乡，孙吴沿江满族达斡尔族乡，逊克新兴鄂伦春族乡、新鄂鄂伦春族乡、车陆乡等地区进行了调研。该地区虽然列入非遗目录的项目不多，但这里曾为清代黑龙江将军首设之地，满族传统文化基础厚重。其四为哈尔滨周边地区，课题组赴阿城、五常进行调查，与当地文化馆相关人员进行交流，并调阅相关非遗资料。通过调查发现，黑龙江省的满族非物质文化遗产十分丰富，其中入选国家非遗目录的有五常市的东北大鼓，入选省级非遗目录的有满族萨满神话（牡丹江市）、傅英仁满族故事（宁安市）、东海莽式舞（牡丹江市）、满族传统婚俗（哈尔滨市阿城区、海林市）、满族八大碗（海林市）、满族盘酱制作技艺（哈尔滨市阿城区）、满族珍珠球（哈尔滨市）、满族颁金节（哈尔滨市）等四十三项，几乎囊括了目前我国非遗目录的所有类目。除此之外，另有地市级非遗项目达一百余项。除在黑龙江省集中展开调查之外，课题组还派出研究人员前往内蒙古及新疆地区，对内蒙古游牧化满族的现状及新疆伊犁锡伯族的社会文化状况展开调查。这两个地区，前者是满族在特殊环境下发生社会文化变迁的个例，后者则是具有"时间胶囊"性质的满族文化发生演变的事例。本书展示的便是黑龙江满族、内蒙古部分区域满族社会文化的变迁及现状。

综观自 19 世纪以来文化人类学的功能学派、进化学派、传播学派、历史学派以及新进化主义学派的研究历程，可以看出在对文化变迁的研究中，有一个从探索隐藏在人类文化背后的"普遍规律"到探索"个别规律"，再到将二者结合起来进行探索的研究过程。这些研究对文化变迁的形式进行了分类，对文化变迁的基本单位以及文化变迁的原因进行了总结，最后将研究重点集中于尚未受到重视的文化变迁机制上。迄今为止，在文化人类学理论中，对文化变迁的研究主要集中在对于各个变迁过程的完成状态的描述上，对于文化变迁是通过怎样一种机制而展开的这一研究方向，则尚未给予足够的重视。在有关满族文化变迁的研究中，本书通过调查研究，对文化变迁的基础理论进行了一系列探讨，通过在各个满族聚居区域进行实地调查研究，考察其不同的变迁过程，阐明初始文化系统的构成对后续文化系统构成的作用等重要问题，总结出了文化变迁机制的几种不同表现形式，即在文化系统内文化演变的机制中，存在着下述几种可能的和可以检验的情形：其一，文化的演变是由于先前的群体改变了环境条件，使其不利于自身的生存，却助长了后续其他群体的产生和繁荣。文化的演变具有顺序性和方向性，并且是可以预测的。其二，先前的群体限制后来的群体，使后来者难以"入侵"和繁荣，因而文化演变没有固定的顺序，存在各种可能性。演变的结果在很大程度上取决于先前的群体，或取决于个体的生活史和生计对策，其结局也难以预测。在这种情形中，没有一个群体（或文化）能被认为是竞争的优胜者，因为最终的结果主要取决于哪一个群体在先，而不是取决于有规律的文化变化的过程。其三，介于上述其一与其二之间，文化系统的变迁在很大程度上取决于群体的竞争能力。先前的群体在决定演变的途径上并不发挥决定作用，任何群体都可能引发演变。一些群体在竞争能力上优于其他群体，因而最后就有可能在"顶极群落"中成为优势群体。

在此认识结论的基础上，我们认为在验证该理论的同时，需要进一步弄清楚一种生态适应方式（即一种文化）如何通过对原有的适应机制进行内部调整来应对新产生的生存环境的问题。因此需要通过对满族这一生计活动样式从狩猎和原始农业出发而后发生各种变化的民族群体进行综合性对比研究，来完成这样一个复杂的研究课题。我国东北及境外相关地域不仅有其独特的地理位置条件，处于连接东亚、中亚和北美的连接点上，并且该地域的民族拥有对于世界的独特的思考方式。因而，对东北亚民族（包括境外相同民族）的研究，在人类学和民族学的基本理论建设上显得尤为重要。相信这样的研究对于丰富本基地学术成果具有重要意义。

进行东北亚满－通古斯语族诸民族研究的主要是中、俄、日三国的研究人员。在我国，人类学家凌纯声于 1934 年刊行了著名的调查报告《松花江下游的赫哲族》。① 20 世纪 50 年代和 60 年代，在中国少数民族社会历史调查中，对满－通古斯语族诸民族进行了广泛而深入的调查，有多项成果发表，包括有关满族、锡伯族、鄂温克族、鄂伦春族、赫哲族等 5 个民族的 5 部社会历史调查报告（"民族问题五种丛书"之一）及多部著作。自 20 世纪 80 年代以来，在中国少数民族社会历史调查报告的基础上，我国的民族学和文化人类学学者出版了一批专著。如 2003 年云南大学组织调查编写了我国 32 个民族的村寨系列调查研究丛书，其中一部分内容涉及满－通古斯语族，取得了可观的成绩。在满语文学方面，清代曾有过鼎盛时期，但由于满语在日常交流中的缺失，当前满语文学不再是满族文学的主角，即使是在满族聚居的东北地区，用满语讲述的民间文学亦很罕见。目前，在黑龙江省仅有几处尚有满族人用满语讲述民间文学，已知的有黑河市孙吴县四季屯和齐齐哈尔市富裕县友谊乡三家子满族村等。如黑龙江省黑河市孙吴县四季屯的何世环老人能用流利的满语讲述传统故事，爱辉区四嘉子满族乡富育光的侄子能够讲述萨布素说部等。而用汉语讲述的满族民间故事则数量众多，在东北三省、河北省都有大量的满族民间故事流传至今，其中像萨满神话、萨满神歌等都是满族比较有特色的文学现象。在满族民间向来有讲古的习俗，所讲内容是有关人物的长篇故事，如关于马亚川的萨满神话、关于傅英仁的萨满神话和民间故事，以及长篇的满族说部等。在成果公开方面，从 20 世纪 50 年代开始断断续续地出版了故事集，也有"三套集成"搜集到的较为丰富的成果。但相较于丰富的民间文化底蕴来说，目前的调查搜集及整理工作尚显零散，没有形成整体的规模。对于满族民间文化的研究，则主要从四个方面展开，即萨满文化研究、满族民间故事研究、满族神话研究和满族说部研究。其一，萨满文化研究。从 20 世纪 80 年代开始，几代学者深入民间调查萨满文化，搜集整理翻译萨满神歌文本，有从宗教角度入手者，有从心理学角度入手者，还

---

① 凌纯声：《松花江下游的赫哲族》，民族出版社 2012 年版。

有从文学角度入手者。这方面的研究形成了多部专著，代表学者有乌丙安、富育光、孟慧英、宋和平、刘小萌、定宜庄、郭淑云、王宏刚等。该研究热点一直持续到21世纪，后期因有非物质文化遗产保护事业加入，研究重点逐渐发生转移。如中国社会科学院民族文学研究所在20世纪90年代曾有较为丰富的研究成果，也建立了萨满研究中心，但目前尚无跟进的研究和调查。其二，民间故事研究。自20世纪80年代开始，出版了大量以地域为主的民间故事集成。目前看来，应该打破地域格局，如以新宾、桓仁、岫岩、宁安、牡丹江、海林等县市为主体，各地单独出版，使满族民间故事形成统一的系列丛书，以便学者研究。满族历史人物中有很多影响至深的，如努尔哈赤（民间亦称为小罕子、老罕王）、萨布素、鳌拜等，在满族说部中已有许多相关资料存在，但是尚有不少不同版本的故事散于民间，需要进行长期的调查研究。辽宁大学曾数次组织调查，搜集整理满族民间故事。作为非物质文化遗产保护的一环，20世纪80年代民间故事集成的调查，侧重于对满族民间文学的类型及故事家的研究，并且将调查中心集中于辽宁省内相关地域，而对黑龙江省和吉林省的调查则比较薄弱。在新中国成立后的几十年中，吉林省学者曾花费大量的时间和经费对相关线索进行调查，形成了丰富的研究成果，如关于努尔哈赤的传记、论著、小说及影视作品就有60多种。其三，满族神话研究。该方面的专门研究相对较少，最初的研究重点主要放在对满族神话的搜集、翻译、整理上。随着萨满文化研究的日益深入，在仪式和文本中出现的神话成为学者研究的重点，如富育光和孟慧英的专著《满族萨满教研究》。不过，满族神话的形态是多种多样的，因而应该有更多的研究视角。其四，满族说部研究。该方面研究成果以吉林省满族说部集成委员会出版的两批满族说部为代表，还有一些以说部为主要研究对象的个人也在从事该方面的研究，但并未形成规模。总之，新中国成立以来，国内有关满学的研究呈现出越来越繁荣的局面，取得了大量的研究成果。但毋庸讳言，这些研究成果也存在诸多不足之处，主要表现在调查方向侧重于政治、经济，而轻视文化和社会，宏观性成果多而微观性成果少，社区性调查多而个案性调查少，一般性访谈多而参与观察和深入访谈少等方面。

　　国外的相关研究主要来自俄国（苏联）和日本。俄国（苏联）方面，人类学家史禄国于 1915 至 1917 年在俄国西伯利亚及中国东北调查满、鄂温克、鄂伦春等民族，出版《满族的社会组织》（1924 年）①，《北方通古斯的社会组织》（1929 年）②，《通古斯人的心智丛》（1935 年）③。1932 年"全俄考古学民族学会议"召开，确立苏联民族学，民族学调查研究遂在新的指导方针下展开。通过一系列的调查研究，形成丛书《世界诸民族》④，其中有关西伯利亚的著作有《西伯利亚诸民族》（1956 年出版，1964 年芝加哥大学出版英译本）⑤。第二次世界大战后至 20 世纪 80 年代，针对西伯利亚各民族的田野调查重新展开，形成系列丛书。这一丛书体例相同，每一民族分两部，一部介绍沙俄时代的状况，另一部介绍苏联时期的状况。不过这一丛书因尚未译成他种文字，不如前者有名。从 20 世纪 70 年代到 90 年代初，在 I. S. 古尔维奇的领导下，为了论考"民族起源论""民族过程论"和"民族史"，苏联民族学者对西伯利亚民族再次进行调查研究，出版了系列研究成果。其中有 I. S. 古尔维奇所编有关北方诸民族的民族起源及民族史，以及西伯利亚诸民族的民族文化过程的著作⑥、Ch. M. 塔克萨米所编有关西伯利亚民族的历史文化方面的著作等⑦。这些著作也未被译成其他文字。苏联解体后，俄罗斯民族学针对西伯利亚民族的调查研究侧重于民族学的应用方面。总之，俄国（苏联）民族学研究者

---

　　① 史禄国：《满族的社会组织——满族氏族组织研究》，高丙中译，商务印书馆 1997 年版。

　　② 史禄国：《北方通古斯的社会组织》，吴有刚、赵复兴、孟克译，内蒙古人民出版社 1985 年版。

　　③ S. M. Shirokogoroff：*Psychomental complex of the Tungus*，London：Kegan Paul，Trench，Truhner & Co. LTD，1935.

　　④ Iu. V. Bromlei（ed.）：*Narody mira：istoriko-etnograficheskii spravochnik*，Moscow：Sovetskaia En-tsiklopediia，1988.

　　⑤ M. G. Levin，L. P. Potapov（eds.）：*Peoples of Siberia*，Chicago：University of Chicago Press，1964.

　　⑥ I. S. Gurvich：*Etnicheskaya istoriya Severo-Vostoka Sibiri*，TIJe，M.，1966；I. S. Gurvich，*Etni-cheskaya istoriya narodov Severa*，Moskva：Nauka，1982.

　　⑦ Ch. M. Taksami：*Osnovnye problemy etnografii i istorii nivkhov*，Leningrad：Nauka，1975.

因为缺少阅读汉文、满文及日文的能力，针对满－通古斯语诸族的研究受到极大的限制。日本方面，第二次世界大战以前，日本人类学家秋叶隆、泉靖一、赤松智诚、今西锦司等人调查中国东北满－通古斯语诸族，撰写了大量的调查报告、学术论文和人类学专著。近年来，针对伪满洲国时期收集的第一手资料以及战前研究文献的发掘整理工作正在积极展开，如"满铁"留下的庞大资料的一部分已经被制成微缩胶卷供研究人员使用，对战前我国东北地区的经济、文化、社会状况的研究也悄然兴起。"满铁"留下的藏书、油印资料，战后被大连市图书馆和吉林省图书馆接收，其中包含大量民族状况的信息，有待我国研究人员充分利用。此外，哈尔滨市图书馆也有大量的资料有待开发。

综观国内迄今为止对满族等北方民族的研究，在研究对象上，主要集中在单一民族的社会、文化、生计活动等方面，而对于具有许多相似背景的民族所做的综合性比较研究则显得有些欠缺。国际上对于具有相同或相似背景的民族群的研究，则已经趋向于这种综合性的研究。进行综合性研究，有助于弄清楚在相同或相似环境下，不同民族群体适应环境方式的共同点。在研究方法上，国内仍然以传统的民族学、民俗学为主要方法。而在国际上，该方面的研究则从传统的民族学、民俗学方法转变为自然志，即自然与文化的人类学方法。从这种研究角度看来，人既是生物的也是文化的，因而对于一个民族群体，就要在体质人类学与文化人类学的交叉点上理解其生活的本质。通过对比这些不同民族群体的生活方式（包括生态、社会、宗教等不同的侧面），最终达到理解人类文化本质的目的。

通过对北方民族进行一系列基础研究，民族学家已经了解到，在东北亚民族之间存在着一些对于世界的特有的思考方式：人与动物在本质上是相通的；人与自然之间通过超自然的互惠性连接起来；包括人在内的自然全体是循环和共生的。这样的思考方式，以东北亚民族传统的狩猎文化为核心，与该地区生态、社会、世界观密切关联。因而，对满－通古斯语族的东北亚民族进行综合性研究，阐明上述思考方式是如何产生的，现在又在发挥怎样的功能等问题，对于了解一种文化如何以内部调整的方式来应对新的生态环境和社会环境的变化，进而了解人类本质这样的基础性问题，具有重要的理论意义和学术价值。这一研究不仅对于丰富基本学术理论具有一定的意义，而且对于文化变迁的研究都有深刻的意义。

满族原有的狩猎生计活动方式与其文化特征有着密切联系，在这种生计活动的背后，其世界观是建立在人与动物的互惠性上的。在他们看来，动物是披着肉和皮毛的神灵，被当作礼物赠送给人类，而作为互惠条件，神灵得到人们的崇拜。这种人与动物的互惠性的思考方式广泛存在于包括满族在内的北方各民族中。然而，这些东北亚民族在历史上与现实中的生计活动方式在不同程度上都发生了转变，或转变成游牧，或转变成农耕，或转变成半猎半牧、半猎半农等。通过对同一民族生计活动方式进行纵向比较，对不同民族间的生计活动方式进行横向比较，可以把握从狩猎这种早期共同的生计活动方式衍生出来的环境适应方式的变化路径。在从事狩猎生计活动方式的人们看来，动物与猎人之间是由神灵作为中介联系起来的，这样一种关系又是通过梦、神话、民间故事等展示出来的，而其背后则是"万物有灵论"这种认识世界的观念。而当生计活动方式转变到畜牧生计活动方式时，相对应的"万物有灵论"便发生了变化。在畜牧生计活动方式中，掌管动物的超自然存在从各种神灵转变成主宰家畜的天神或大地，在牧民心中，天神和大地是最高的神灵。牧民们的超自然崇拜对象由狩猎时代披着皮毛的动物神灵转变为至高无上的天神和大地，人与动物之间的关系也由"人－动物"转变为"人－神－动物"的关系。人通过天神间接地操纵动物（即家畜），于是，人与动物（家畜）之间的关系从本质上发生了转变。这种世界观上的转变，可以说是其应对变化了的生计活动方式时的一种新的发明。虽然是一种新的适应方式，但毕竟从原有的狩猎适应方式中发展演变而来，其内部存在着一种渊源关系。通过对其展开综合性研究，就有可能把握"与狩猎活动密切相关的社会组织和世界观等是如何适应这些变化的，抑或是如何不适应这些变化的；这种文化在内部所做的调整是怎样进行的，这种调整是成功的还是失败的，其原因又是什么"等问题，从而进一步理解畜牧生计活动的起源、北方文化的特色以及人的本质等基本学术问题。

本系列研究主要采用民族学、人类学的田野调查法，并与历史研究相结合。民族学、人类学诞生于西方，始于对无文字社会的调查研究。一些西方人错误地认为，地球上其他文化的发展目标就是"他们的"文化，根据这一观念，现存的无文字社会错误地被视为西方文化发展的原初状态，研究这些社会文化的目的就在于探索西方文化的源头。正是受到该学科这样一种原初目的和研究对象的限制，对无文字社会历史的研究从一开始就被必然地忽视掉了。民族学、人类学在这方面的先天性的缺陷，现在越来越显露出来并受到学界的批评、指责，更有人认为人类学已经走到了尽头。而面对这种现状，我们则应当发挥自己的专业结构优势，利用研究对象满族所具备的文化特征及文献资料优势，通过建立结构完善的满学，弥补民族学、人类学在这方面的缺陷，为民族学、人类学学科打开一个新的局面。

满族及其先民自古以来的生活就与自然环境密切相关，其文化特征，正符合民族学、人类学所要求的研究对象应当具备的理想条件。另一方面，满族创制了自己的文字，且曾经因为统治阶级的需要而留下了大量的文献记录，为研究者了解该民族以往的生计活动状况提供了可能和便利条件。对于大量尚未仔细整理的文献资料，目前中外学者都已经在不同程度上加以利用，但研究对象大都集中在历史学方面。本研究团队利用自身的优势，充分开发利用满族以往生活史方面的资料，结合当前的田野调查资料，对满族社会文化的各个方面展开纵向和横向的比较研究。

目 录

导　论

自近代以来，对于"人是什么"这一最基本的问题，大致存在三个方面的考察。其一是关于人类生命的生物学视角和遗传学视角的考察；其二是各种社会科学、人文科学和心理科学方面的考察；其三是哲学方面的考察。这三个方面的考察，由于视角与方法的不同，各自得出的结论不尽相同，有时甚至还相反。而针对满族文化所展开的研究，迄今为止大都侧重于对民族学、历史学、民俗学、宗教学等方面的考察，心理学和哲学角度的探讨则鲜有出现。

　　"人是什么"以及"我是谁""我从哪里来"这样的基本问题，对满族人而言，主要以对存在意义的确认和对认同的追求的形式显现出来。对存在意义的确认，使满族人产生认同需求，进而促使他们去从事实践与创新活动，并且致力于构建一种新的模式系统，而这种模式系统能够使静态的和动态的各种符号象征拥有新的意义。认同（identity），包括个体认同和集体认同，已然成为满族社会文化研究的一个核心主题。由于模式系统的缺乏，满族人有关自身存在意义的判断已经变成一种稀缺的事物。进入后现代以后，满族人已经无法恢复其从前曾经有过的那种认同状态。身份确认是一个复杂的问题，"我是谁""我们是谁"，这些问题的确定在不同程度上都取决于"我"和"我们"自己，取决于"我"和"我们"的各种角色以及围绕"我"和"我们"的各种建制，也取决于产生意义和认同观念的模式系统。不过，身份确认又往往不是单一个体和群体能够自由选择的问题。

认同既是一个心理学问题，也是一个哲学问题。对这一概念，汉语的语境通常着眼于其确认"相同"的一面，而忽视其所包含的"辨认""确定"行动的一面。后者强调的是其辨别"不同"的方面，即从众多相同的方面中自我分辨出异于他者的一面。认同是一个人对一个民族或一个国家的归属感，是一个具有凝聚力的民族整体所展示的一种气质，这种气质以独特的语言、传统和文化为代表。民族身份是可以与一群人分享的一种主观感觉，与公民身份无关。一方面，作为一种集体现象，民族认同之所以可以直接产生，是由于在日常生活中人们存在共同点。这些共同点可以包括以下各种内容，如共同的语言、符号、历史、意识和文物等物质与非物质文化要素。另一方面，在心理上，民族认同又被视为对差异的认识，是对"我们"和"他们"之间不同感觉的认可。从积极的方面看，一个人所拥有的民族认同，其表达形式可能是爱国主义，其具体表现方式可能是民族自豪感和对国家的积极情感。而民族认同的消极方面，则可能表现为地方民族主义和大民族主义，是对国家优越性和对民族忠诚的极端信念。在各种社会思潮的影响下，人们选择与个人的民族认同相同的期望、价值观和信仰，然后将这种民族认同感融入个人的身份当中。对于认同自身民族的人来说，这些期望、价值观和信仰具有意义，且能够转化为其自身的日常实践。

从本书所展示的有关满族文化分期的章节看，满族文化的历史发展过程实质上也是其认同方式的变化过程。从其先祖开始到后金、清代，从"满洲"的形成到满族掌握政权，这一过程是其认同的构建过程，也是认同于哪个共同体的认同对象的变化过程。为了构建新的共同体，满族人曾经编撰历史，将"三仙女的传说"这样的民间故事纳入官方历史当中①，以此种方式建立起人为的共同体，强调历史源头的独自性，以构建认同的源泉。至入关后建立政权，当满族逐渐上升到统治民族的地位，无须进一

---

① 如《清太祖武皇帝实录》、《满洲实录》及《清太祖高皇帝实录》，均将源于《旧满洲档》的该故事的简短记载予以加工充实后，充作满洲的历史源头。

步强调满族内部认同的时候，满族共同体实质上就进入一种中性的无认同的状态。在"满洲"这个民族形成之初，因其处于部落势力扩张的形势之中，满族并未存在解体为其他民族的顾虑。此后，虽然对治内各民族采取了不同的政策，但由于要张扬共同的天下观，满族的统治民族地位也使其单独处于更高的一种认同层次，并无与之相对的民族存在。因无对立面的存在，遂使满族成为孤立的统治民族而仅仅存在国家认同。

进入19世纪以后，特别是在清代后期，由于西方近代民族－国家（nation-state）观念的传入，"天下观"逐渐变得不合时宜，国与国之间的边界意识变得越来越明确的时候，满族人遂产生了危机意识。而等到清朝灭亡，统治民族地位随之一同消失的时候，作为一个族体，满族人便丧失了其身份地位，以至于在京旗大量出现隐瞒和改变自己满族身份的事情。民国年间，国家虽然也曾张扬"五族共和"的旗帜，将满族与其他各民族相提并论，但此时的满族已经支离破碎，几无实体存在。中华人民共和国成立以后，在20世纪50年代，国家将几乎彻底丧失身份认同的满族重新予以定位，使其再次获得一种普通民族的地位。然而，其民族地位虽被赋予，但较之从前，其具体情形已经变得完全不同，各民族被识别定位的时候，作为一个群体，被唤醒认同意识的满族人意识到自己重新获得了塑造自身自然身份的自由。于是，有组织的集体活动和自发产生的个别活动，都以维护这种身份塑造的自由为目的，掀起各种形式的传统文化抢救活动，以张扬和保护从祖上传下来的物质文化和非物质文化遗产。这些活动试图以构建一种模式化的系统形式，体现符号代码和各种文化象征的信息。因为没有这些符号代码和文化象征，模式化的过程便无从展开。同时，所有这些具有实践意义的创新活动，客观上又都作用于新的共同体的构建。

通过理论和实践两方面的努力，满族人致力于以一种新的方式，理解和确定自己的新的定位，例如"后母语"阶段说法的提出，即为这种新定位的表现。[①] 就像本书相关案例中所显示的，在黑龙江省齐齐哈尔市富裕

---

① 关纪新：《"后母语"阶段的满族》，载《满语研究》2009年第2期。

县三家子村，满族人虽然明确知道已无可能在日常生活中恢复业已荒废的满语，但他们仍然执着于对传统语言的抢救，以此方式曲折地体现满族已经进入"后母语"阶段的事实。这时，传统语言已经成为一种象征符号，抢救传统语言的行动并非是在复旧，而是被当作一种积极的具有实践意义的创新性活动。无论是在本书提到的黑龙江省黑河市、齐齐哈尔市，还是在内蒙古兴安盟的事例中，人们都在以各种方式致力于满族物质文化与非物质文化的挖掘与创新活动。同时，这些实践活动又都是在为承认和被承认而努力，在一种新的层次上，在实践和创新基础上渴望得到认可。还有一些活动，例如满族民间的各种萨满祭祀活动，原本有其自身的宗教目的，不是用来展示给他人的表演活动，但这些活动也都同样被用作构建新的模式系统，以体现象征代码信息。于是，这种有意识的、带有表演性质的身份意识创造行动，便与原先有事而发的行动之间产生一种张力，促使一些人更加强调一种与生俱来的、旧有的认同意识的维持，而非经过创新实践以后所产生的新的共同意识的建构。

于是，在新旧两种认同观之间便出现一种差异。这种差异是对基本差异和人类文化的"他者性"的承认，而不是把人类文化视为一种单一类型的存在，存在的不是单一的文化，而是两种或多种文化。然而问题的关键在于，如何才能制造出差异，并且对这种差异做出解释；对于认同观、价值观、正义观和理性观来说，这些差异具有怎样的重要性，或者这些差异是否仅仅是些无关紧要的存在等等。每一种文化都需要承认自身与对方是平等的，但与对方又是根本不同的，所谓"和而不同"，在现代乃至后现代语境中，这种认识已经成为一种核心观念。在当前流行所谓的"认同政治（identity politics）"中，不同的个体或群体都要求得到他人的承认，因为他们不想变得跟其他个体或群体一模一样。本书各个章节中所展示的满族非物质文化遗产保护及传承活动的意义，似乎越来越显示出其作用，因为这些遗产要被用以构建不同于其他文化的模式系统。毋庸赘言，模式系统能够被构建的前提，是平等和自由场景的存在，即能够保证一种选择的机会，并且保证不会在认同层次上发生混淆。否则，与之"斗争"的对方就会变成一种高层次的系统而对自己形成压制的态势，从而使自己的模式系统无法形成。

在后现代的多元文化社会中，一方面，需要一种形式上的普遍性概念，否则，人们就会陷入各种价值和视角之间无休止的对抗之中，从而失去任何可以公正评判的基础。所有公正的合理性，无论是理论的还是实践的，都将没有可能。因而，需要某种最低量级合理性的"公分母"的存在。但另一方面，人们总是处于具体的情景当中，总是由特定的背景塑造而成。人们生活在特定的语境当中，和特定的人群发生关联。因此，需要将这种具体的情景纳入到对于普遍性的考量之中。不仅要承认我们是一般的"人"，还需要考虑"具体的他者"。不仅是一般的规范，还有那些与之产生密切联系的他者的具体的纽带和情感，也都必须反映在认同理论当中。在现代社会中，由于存在一种追求与认同有关的文化多样性的需求，因而有必要确立一些普遍有效的规范，以便调节不同价值和不同文化之间的冲突。然而，问题在于，仅仅存在一种树立于宏观层次上的认同还不够，还需要提供一些产生微观层次上的差异的具体条件，从而建立一种基于这些差异的认同。因为一般而普遍的构想，必须同特殊而具体的情景相联系。对于一般的理想，要以一种洞察力将其应用到具体的情景当中。因此，满族宏观而普遍的价值观和认同观，就需要与满族日常生活中具体的情景，包括静态的和动态的各种符号象征联系起来。

普遍性与具体性之间虽然并非必然产生冲突，但对具体情景的要求却始终存在，例如在满族聚居的各地，大都有联谊会积极举行各种活动的现象。然而，另一方面，这些创新性的实践活动大都具有盲目而随机的特征，无法对其自身进行恰当的定位，从而无法在塑造整体的意义系统和模式系统时发挥功能。

如上所述，经过近代以来激烈的历史变迁，满族在普遍的认同与具体的情景之间产生了严重的割裂。这种普遍性包括曾经的统治民族观念、国家认同乃至民族认同，具体的情景则是能够产生意义的满族日常活动。面对这样一种情形，相关研究不仅需要描述那些出现在特定语境中的各种个别行动，而且这些描述不只是对其现象表面的描述，还要树立更加远大的目标，描述这些现象的深层特点，以发现在生活世界中使得这些行动成为可能的条件，比如为何会有这样的行动，其构成意义的条件又是什么。要想达成这一目标，就需要找到能够使满族日常生活世界为其所是的条件，以及这些条件使他们的行为和符号产生意义的原因。

萨特曾在其《辩证理性批判》一书中试图从个体的行动出发，利用辩证法的推进，达到一种关于社会历史的总体理论。① 根据同样的思路，也可从满族的人造结构，包括物质和非物质文化的各种零星事项，界定出满族的行动领域；从满族自发开展的各种传统文化抢救活动，包括对语言和祭祀活动的抢救中，寻找文化构建的模式。例如，本书有关章节便涉及这样的内容，即从满族传统的民居符号中寻找文化模式形成的原点。这些人造结构原本是连接个体与个体以及个体与群体的物质媒介，如果没有这些固定介质的存在，不仅连接无法建立，群体本身亦将无法形成。而通过物质媒介的作用而形成的这一群体，又会作为一种中介因素，使负载着共同目标的各种自发的共同行动得以通过该群体被表达出来，并且群体的共同意志会以"涌现"的方式显现出来。反过来，这也成为理解满族各种自发的抢救活动和符号象征的一种有效途径。然而，正因为满族自发的抢救活动的共同目标不够明确，以及建立模式的固定媒介的缺失，各地满族人仍然缺乏最低限度普遍性的建立条件，以至于这些自发的抢救活动与符号无法产生系统的意义。通常，为了逃避被异化的处境，人们都会在群体当中"激发"自己。但超越个体的行动总和有时候也会导致一些意外结果的产生，因而需要一种机制去避免某种特定行动的总和产生事与愿违的后果。群体所"涌现"出来的共同意志，最终有可能使意义系统本身也发生异化，以至于无法产生传统延长线上的意义，形成一种即使其成员也都会感到陌生的模式系统。

通过创新性实践产生的新的变异，一出现便面临确认自己的认同的问

---

① 让－保罗·萨特：《辩证理性批判》（第一卷），林骧华、徐和瑾、陈伟丰译，安徽文艺出版社 1998 年版，第 2、3 页。

题。只有经过确认，才能找到自己的由来及自己与群体之间的联系，才能知道自己想要表达的以及如何通过群体去表达。如果以"本质"或从既有的语境去建立认同，并不会产生认同的行为，认同问题只有在变异产生的时候才会出现。在没有变异产生的大多数时候，只存在群体维持的问题。群体的维持，可以通过各种方式得以实现。当然，即使群体当中乍看上去并没有变异的产生，严格说来，该群体还是在微小的变化中发生着演变的。如果将这些微小的变化放大的话，同样会发现，其中仍然存在经常性的选择行为。比如从清初到康雍乾再到清末的历史过程中，满文化内部所产生的变迁就是这样一个过程。当选择结果已经产生，个体遇到"我是谁"的问题的时候，就会出现一种局势，即选择的结果与既有的群体或个体之间持续进行"精神上"斗争的局势，最终，这种选择的结果才能被确定下来。而在选择结果被确定下来之后，该结果还需要不断接受挑战，才能维持现有的地位。一如在生物世界里所发生的那样，一个新的基因要么是淹没在群落当中，要么是以优势基因的形式发展成为新的群落。个体必须在与他者的辩证关系中确定自己的位置，就像黑格尔所设想的那样，需要把人们的认同——人们的自我理解和人们对于他者的理解——视为一种在社会心理的持续过程中所产生出来的脆弱的结果。认同并非一种人们已经确确实实拥有的观念，而是某种会被一再挑战的存在。作为社会的存在，认同观念需要时刻面对他者的定义和重新定义。因此，作为新产生的变异，这种认同观念必须经过反复"斗争"的过程，才能意识到自己为新的变异。而通过变异逐渐形成的新的群体，需要在其内部制定新的"规则"：一方面相互认同，另一方面对外排斥。每个个体都处于不断面对新产生的变异的挑战之中，每个新的变异又都试图以自身的基因占据整个群体，虽然这些变异都必须在与其他个体的关系中才能存在。没有他者的认可，个体便无法拥有其想要的认同。正由于"我们"是依赖于他者如何看待自己而存在的，因此，"斗争"是不可避免的。另外，有关认同的这些观念也显示出，在理论和实践之间存在某种转换的可能性，即以理论指导实践，使理论转变成可供操作的程序。

不过，实际上人们可能并没有如此独立的自主性，以至于能够以这种方式来界定自己的认同。这是因为，人们与群体之间是通过社会化的过程，通过生活阶段上的相互承认，通过具有客观性和必然性的劳动世界，通过语言而建立起须臾不能分离的关系的。每个独立的个体，都是"浸泡"在一种文化当中的个体。每一个人一出生就生活在特定的文化当中，通过一种特定的语言，以一种约定俗成的方式与其他人交流。因而，关键之处在于能否确保这种可以独自做出选择的特定语境的存在。如果无法保证做出基于特定文化和自由立场的选择，那么个体就只能停留在达尔文进化论意义上随机产生的变异物种的状态上，因无法形成新的种群而被淘汰掉。因此，在确保个体的自由的同时，还需要一个可以独自做出决定的场景的存在。

　　随机的选择可能无法形成统一的整体。为避免这种情形的发生，就需要去发扬传统，以此保证模式系统能够建立在历史的基础之上。海德格尔在其《存在与时间》中，曾对人的存在的基本特征做出描述，"依照可在领会中展开的东西的任何本质向度，领会总是突入诸种可能性之中……因为领会于它本身就具有我们称之为筹划（Entwurf）的那种生存论结构。领会把此在之在向着此在的'为何之故'加以筹划，正如把此在之在向着那个使此在的当下世界成为世界的意蕴加以筹划……领会的筹划性质实际组建着在世的在。筹划是使实际上的能在得以具有活动空间的生存论上的存在机制。"[1] 就是说，人们基于"筹划"来理解世界。若无该塑造性"筹划"的存在，人们便无从理解世界，因为"现象"是依据特定的"筹划"显现其自身的。包含在"筹划"之中的洞见，可以通过陈述表达出来，或者也可以始终隐而不显。每个个体或每一个自发的活动，都是人们理解自身所在群体的途径，满族人只有通过这些具有塑造性的活动才能理解自己。这种活动对满族来说是一种新的实践活动，是一种创新，创造出新的意义系统或模式系统。人是追求意义的动物，因而对于未来的理解必须通

----

　　① 海德格尔：《存在与时间》，陈嘉映、王庆节译，生活·读书·新知三联书店1987年版，第177页。

过预期的目标才能实现。人们的这种理解虽然是可以深化的，也是可以发展的，但是这种深化和发展需要有一定的背景要求，即这些理解必须是在某种我们自认为已知的事物的基础上产生的。对于未来的理解，只能发生在历史的基础之上，因为人们都是根据自己已经知道的事情来看待新事物的。因此，人们不能没有对于事物走向的预设。当然，对迄今为止已经形成的那些预设，也可以进行重新调整乃至于对其进行重塑，这也就意味着对于未来存在着一种创新的可能。即是说，人们之前的洞见也是会发生改变的，可以在发生改变的历史基础上重新出发。这样一来，从某种意义上说，人们都是在时刻改变着自己，并且都在尝试着进行自我的重新塑造。人们不仅遵循着对于"我们将是"的明确的假设，而且也遵循着那些"我们所是"的历史，尽管这些历史实际上也是建构的。对这种基本的内在预设，对这种历史必然延长线的假定，人们常常并不能够明确意识到。然而不幸的是，历史被束缚住了。海德格尔将其归结到围绕人们生活的技术统治上，认为其已经成为人们的命运，并且认为若以肤浅的办法去解决这些问题，就只会陷入其所编织的罗网之中。在近代的历史变迁过程中，满族文化中一些要素正消失，他们试图在更深的历史层次上，在被遗忘而被遮蔽着其"根本"的地方，寻求一种彻底的转变，得到一种解决问题的方法。

那么，这些"根本"的东西又是什么呢？这些东西其实并不是其所谓的"本质"，而是一种距离他们很近，但他们对之又感到十分陌生的事物。人们从各种仪式、活动中寻求"在者之在"，它们会自己开口向他们言谈。海德格尔说，"把言谈道说出来即成为语言……言谈就是存在论上的语言"①。人们通过言谈来传达自己，不仅传达自己的所是，也表达自己当下的状态。通过言谈人们不仅传达自己的情绪，也揭示自己与世界之间的关

---

① 海德格尔：《存在与时间》，陈嘉映、王庆节译，生活·读书·新知三联书店1987年版，第197页。

系，"语言向来已经包含着一种成形的概念方式于自身中"①。虽然满族人已经知道自己的传统语言濒临消亡，但他们仍然试图以言谈传达自己的情绪，执着于语言的恢复抢救。他们的言语行动已经变成一种真空行动——实际的情景虽然已经不复存在，但其行为模式却仍然发挥作用。他们不再具备运用自身传统语言的条件，于是，他们也在试图以其他行动方式去完成他们表达的愿望，比如通过仪式，确切地说，通过表演出来的仪式，以及通过在仪式上使用用汉字标注的意义不明的"满语"去完成自己的愿望。

除了哲学与心理学的观照之外，人类学、民族学也通过改变观察视角的方式，参与到认同问题的研究当中。"边界"的概念被用来确认身份认同是如何发挥功能的。巴斯主张在关注民族问题的时候，应将调查的中心点置于民族边界的定义上，而不是群体所附带的文化特质上。② 身份认同是一种虚拟的场所，边界提供了构建该虚拟场所的框架，在其中可以明显看出用于识别边界的动态过程和标记。如在本书有关内蒙古兴安盟满洲屯的事例研究中，所关注的是个体成员如何以不同的方式构建社区观念，以及群体中的个体如何理解群体边界等事实。作为一种灵活的分析工具，边界的概念有助于构建和定义人们自我体验的可变性。虽然身份是一种抽象的、不稳定的、灵活的存在，但其表现形式和运行方式又都是可以被观察到的。身份通过服饰、语言、房屋样式以及一般的生活方式等显性符号或标志显现出来，而其影响则取决于其他社会生物根据与身份具有密切联系的标准所做的判断。标志有助于创建定义标志承载者与标志接收者之间的相似性或差异的边界，其有效性取决于对这些标志含义的共同理解。在社会环境中，误解可能是对特定标记的意义的误解。同样，个人可以使用身份标记对其他人施加影响，而不必满足外部观察者通常可能与这种抽象身份联系在一起的所有标准。

---

① 海德格尔：《存在与时间》，陈嘉映、王庆节译，生活·读书·新知三联书店1987年版，第192页。

② Barth Fredrik（ed.）：*Ethnic Groups and Boundaries. The Social Organization of Culture Difference*，Boston：Little，Brown and Company，1969，p. 15.

第一章

满族传统文化的分期

满族具有悠久的历史，从其先世肃慎族系发展到今日的千万之众，从世居东北一隅之地到入主中原，坐拥天下，这个民族在历史的大潮中历经沉浮。在其独特的自然生态环境和受这一客观条件制约的相应经济形态的基础上，在满族及其先世居住的东北这一地域，形成了包括衣饰、饮食、民居、交通、语言、风俗、礼仪、婚嫁、丧葬、宗教、信仰、神话等方面的满族文化。

　　满族传统文化是一种有机的活态文化，有其孕育、发展、衰落的不同阶段，每个阶段各具其鲜明的特色。对满族传统文化的分期处理是一种宏观的处理，因为文化的变化是一种隐性的、具有过渡性的变化，所以对文化的分割，不可能是一清二楚的。研究满族传统文化的阶段性特征，可以更好地看清满族传统文化的本质所在。丰富、繁杂的满族传统文化受到了多种外来文化的影响，而且其自身内部的发展也不是均质的，同时，其发展的时间、空间跨度也很大，所以满族传统文化在发展过程中出现了不同的表现形式。本章内容以此为依据，将满族传统文化的发展阶段划分为五个时期，并逐一进行分析。

一、文化史前史期

　　这一时期从距今两三千年的肃慎人出现，到明万历年间女真各部蜂起，称王争长为止。

这里借用卡尔·雅斯贝斯对历史发展阶段的划分理论，使用"史前史"这个特定的概念定义这一分期。卡尔·雅斯贝斯之所谓史前史，是指历史之前的一段时间。"史前"虽为事实上的文化奠基，但却是未知的、不清晰的过去，是人性形成的时代，因而是一个缺乏有依据的传承而"不知且未意识到其传承"①的时代。而具体到满族的史前史文化期，则是指在这一时期中，满族先世是"居民"而非民族。即在一个广阔的地域内，在未曾间断的民族分化和融合的过程中，虽然形成了广义上的满族系，但尚未形成狭义上的满族，满文化仍未成型，也无传承意识。这段时间是满文化的生长期，其所形成的产物，为日后满文化的出现提供了文化基础。

商周时期的肃慎、汉至两晋时期的挹娄、北魏时期的勿吉、隋唐时期的靺鞨，再到宋元明时期的女真，这是满族可追溯的先世族系。但直到明朝，满族这个民族共同体还没有正式形成，所以其民族的文化也仍在孕育之中。正处于胚胎状态的满族文化，由于其完全是自为的，如雅斯贝斯所说的"一切事件近似无意识的自然事件"②，也许还不能称之为"文化"，但是这一时期的记忆无疑是满族文化的根基及核心。正如"史前的成长，人本性的这种形成连同其本能与素质，连同所有无意识构成我们本质的基础"③，满族文化的核心"国语骑射"的源头也可在此阶段找到痕迹，如"善射，发能入人目。弓长四尺，力如弩。矢用楛，长一尺八寸，青石为镞，镞皆施毒，中人即死"④。在《金史·世宗纪》中记载："女真旧俗，凡酒食、会聚，以骑射为乐。"阿骨打尝言："我国最乐无如打围。"⑤ 女真还有射柳、骑马击鞠的习俗。满族人性格中的尚武，被描写为"好寇盗，

---

① 卡尔·雅斯贝斯：《卡尔·雅斯贝斯文集》，朱更生译，青海人民出版社 2003 年版，第 163 页。

② 卡尔·雅斯贝斯：《卡尔·雅斯贝斯文集》，朱更生译，青海人民出版社 2003 年版，第 211 页。

③ 卡尔·雅斯贝斯：《卡尔·雅斯贝斯文集》，朱更生译，青海人民出版社 2003 年版，第 163 页。

④ 张碧波、董国尧主编：《中国古代北方民族文化史民族文化卷》，黑龙江人民出版社 1993 年版，第 423 页。

⑤ 孙进己、孙泓：《女真民族史》，广西师范大学出版社 2010 年版，第 261 页。

邻国畏患,而卒不能服"①,以及《晋书》中描写的"性凶悍,以无忧哀相尚"②,还有萨满教的相关信仰也都与这个阶段息息相关。

"史前史可能客观上是一条变化之流,但精神上尚非历史。"③ 这一时期的满族文化有其自身的发展轨迹,但只能借助中原史籍中的寥寥数笔去复原,很难被归纳总结成一种"文化",也许更为准确的说法应该是生存艺术。在满族先世的种种活动中,有一项是制作和使用楛矢石砮,这完全是基于自然环境和其经济生活,因地制宜,就地选材的一种谋生手段。常为穴居,也是由于其处于山林之间,土气极寒。至于贵壮贱老以及"父母死男子哭泣谓之不壮"等习俗,都是由于生产力极不发达,朝不保夕的人们无力哀悼生命,只能尊崇强者的缘故。

"漫长的史前史包含人的产生经过语言与种族形成直至历史文化开端。"④ 满族文化的史前史相对较长,以有史可考的满族先人出现为伊始,慢慢形成其民族语言及原始民族,经过漫长历史的淘洗,最终在下一时期出现了真正的满族文化。满族先世使用女真语,金太祖阿骨打建立"大金"政权后,命完颜希尹等在天辅三年(1119年)参照汉文字及契丹字创制女真大字,天眷元年(1138年)金熙宗创建女真小字,金之后尚延用。满语是由女真语演变而来的,在满族人民中广泛使用,在下一时期中,满文也被创建出来。女真族建立了金政权,较之前的肃慎、挹娄、勿吉、靺鞨,发展更为充分。满族形成的节奏加快,经过数千年的发展,满族文化终于在史前史结束之后形成。

二、文化核心期

这一时期从明万历十一年(1583年)努尔哈赤以十三副遗甲兴兵开

---

① 张碧波、董国尧主编:《中国古代北方民族文化史民族文化卷》,黑龙江人民出版社1993年版,第423页。

② 李秀莲主编:《金源春秋——女真社会文明的演进及其流变研究》,黑龙江人民出版社2018年版,第40页。

③ 卡尔·雅斯贝斯:《卡尔·雅斯贝斯文集》,朱更生译,青海人民出版社2003年版,第162页。

④ 卡尔·雅斯贝斯:《卡尔·雅斯贝斯文集》,朱更生译,青海人民出版社2003年版,第210页。

始，到明崇祯十七年（1644 年）清世祖迁都北京为止。

努尔哈赤先是统一了建州女真，兼并海西女真，继而对东海诸部不断用兵，与朝鲜、蒙古、明朝之间不断发生战事。战争加速了满族的形成，在特殊的历史语境下，满族文化也得以显现。

明崇祯八年（1635 年），后金汗王皇太极宣布："我国原有满洲、哈达、乌拉、叶赫、辉发等名。向者无知之人往往称为诸申。夫诸申之号，乃席北超墨尔根之裔，实与我国无涉……自今以后，一切人等止称我国满洲原名，不得仍前妄称。"① 满洲族自此有了统一的名号。这次定名具有继往开来的意义，既是对先世所有历史及传统的正式承认与继承，又为满族的发展提供了凝聚的力量，同时提升了该共同体内部人员的认同感。同时期形成的满族文化在该阶段极具活力与生命力，同时也相对纯粹。这是由于地处偏远，战乱不断，外来文化的影响较小，从而无法动摇满族文化的核心地位。满族文化在这一时期内既需要内部的建设，又需要外部文化的哺育。

这一时期，八旗制度正式形成。从八旗制度当中仍可看到猛安谋克的影子，但对二者的关系，此处不展开论述。八旗既是一种社会组织，也是一种军事制度，这种军民合一的制度，使得八旗劲旅的战斗力十分强大。从该制度中可窥见作为满族文化核心的骑射文化和满族的民族精神。跃马弯弓夺天下，在不断的征战中，这个马背上的民族，凭借强悍的武力所向披靡。攻城略地体现出的顽强进取精神，以小搏大、百战不殆体现出的自强不息精神，满洲八旗、蒙古八旗、汉军八旗共同发展体现出的兼容并包精神，满族这些核心的文化和精神形成于该时期，并开始发挥其作用。

为适应渔猎、行军生活，满族文化中衍生出了一系列相关的文化现象。不同于中原的长衫广袖，满族传统服饰以紧口的箭袖和方便御马的马褂为主，多佩戴可储物的荷包。满族妇女多为天足，也与此不无关系。至于饮食，满族喜黏食，有丰富的种类，甚至还有专门的"饽饽席"。这种食物便于储存和携带，而且能够抵御饥饿。在该阶段，满族文化能够适应其物质生产生活方式和频繁的战争，由于它是生长于满族人民中的原生文

---

① 《清太宗实录》，卷 25，见张佳生主编：《中国满族通论》，辽宁民族出版社 2005 年版，第 632 页。

化，满族人民会无意识地对其进行保护和传承，先进的汉文化在这一时期也只能缓慢地向其渗透。

满族民居中立于房侧的烟囱和立于住宅院中的索伦杆，在他们看来具有"世界中心"和沟通尘世、天国及地下世界的作用。米尔恰·伊利亚德说过："真实的世界总是在宇宙的中心。"① 满族人民在此阶段意识到了自己的独特性，潜意识中认为自己居于世界的中心，尘世得以神圣化，满族文化于此具有了一种潜在的神圣性。同时烟囱、索伦杆等也成为沟通天、地、人的通道，打通了三重空间，扩大了满族文化的视野，使得满族文化在空间上得到了延展。

《晋书》中记载肃慎人"有马不乘，但以为财产"②，到八旗劲旅把马作为战车用马，作为骑兵用马，这体现出满族文化的发展。战马使得满族人民更为自由，扩大了其生存的范围，农耕的汉民族把马束缚在耕地上，这便是两个民族文化的差异所在。在这一时期，满族没有离开马背，没有离开他们作为"世界中心"的故乡，所以满族的核心文化具有极其鲜明的特征并居统治地位。

三、文化归隐期

这一时期从顺治元年（1644 年）满族入主中原开始，到宣统三年（1911 年）辛亥革命结束。

满族"从龙入关"之后，其生活的各个方面都发生了翻天覆地的变化，这无疑会对其文化产生极其深远的影响。此时期满文化的汉化是不容忽视的，有以下表现："乾隆以前，廷寄清文多，故满章京事繁，近来多改汉文，满章京遂成闲曹矣。"③ "满洲六礼，惟婚、祭二礼，不与世同。"④ 满文的衰

---

① 米尔恰·伊利亚德：《神圣与世俗》，王建光译，华夏出版社 2002 年版，第 16 页。
② 房玄龄：《晋书》，中华书局 2000 年版，第 67 章。
③ 震钧：《天咫偶闻》，文海出版社 1973 年版，第 9、10 页。
④ 震钧：《天咫偶闻》，见宋德胤编著：《黑龙江民俗》，甘肃人民出版社 2004 年版，第 359 页。

落和满族习俗与汉族的趋同，是此时期满文化发展的主要趋势。

满族文化在这一时期内发生了地域的分化，主要分化为东北的满族文化、北京的满族文化和驻防的满族文化。东北地区的满族文化得到了较好的保存，其他两地的文化都遭到了外来文化的破坏。但是，所有地域的满族文化都受到了不同程度的汉化，这是不可否认的事实。

明万历四十四年（1616 年），努尔哈赤在赫图阿拉自称"英明汗"，建国号大金；天聪十年（1636 年），皇太极改国号"大清"，建元崇德；顺治元年（1644 年），顺治作为统治者问鼎中原。这一系列事件，标志以爱新觉罗家族为核心的统治阶级正式形成，从而使满族文化出现了宫廷文化和民间文化的分野。满族文化出现地域性和多层面变化，这是作为整体的满族文化的分解，是其归隐的第一步，而分解它的力量则来自外部。

东北地区作为清朝的战略后方，存在着满族在打天下时留下的战争创伤和边患问题。迁都北京后，东北地区曾实行过短暂的招民开垦政策，紧接着就是漫长的封禁期。东北地区的满族文化受到了政策的保护，在东北一隅得以保存，并在潜移默化中受到招民、流犯、流民和移垦八旗带来的汉族文化的缓慢影响。但两种文化之间的冲突并不显著，满族文化在该地域甚至还居于一种形式上的核心地位，这与上一个时期较为相似。由于东北地区的满族文化发展变化缓慢，也没有发生地域上的变动，因而对这一时期的分析不以东北地区的满族文化为重点。这一时期东北地域的满族文化处于一种小隐状态，隐于野，所借助的是闭塞环境的保护。驻防的满族文化是指驻防八旗驻守各地时所带去的满族文化。由于满汉文化强弱不成比例，满族文化如点滴之水投入汪洋大海，这是一种文化的隐没，因而对这种文化也不做重点的分析。

北京的满族文化最能体现满族文化的汉化和其逐渐归隐于汉族文化的过程。在汉化过程中，满族文化个性锐减，文化共态增多。面对强势的汉族文化，出于文化固有的自保性，满族文化自发地为自身谋求出路，经过分化以后将自身寄居于汉族文化之中，从而在生活的各个方面都留下了自己的影子，这也使得满族文化具有一种依附性；同时，因其具有相当的独特性，满族文化得以深埋于汉族文化之中，真正做到了难以区分的程度。以北京话中残存的满语词汇为例，萨琪玛（sacima）、包衣（booi）、贝勒（beile）、格格（gege）等词语潜藏在北京话的日常口语当中；著名的北京点心铺子、火锅、烤肉等，均体现出满族的饮食文化，也成为了北京的日常文化。再如满族取名的变化。入关前，满族人取名时在名字的词义上并不十分讲究，以努尔哈赤家族为例，镶红旗主岳讬其，其名字的词义竟是呆子、傻子。一般满族人的名字也是五花八门，取名用词非常广泛而随意。而在入主中原后，受汉族文化影响，满族人取名用字才逐渐雅化，且开始取字号，名字之义寄托美好理想和愿望，或与神佛崇拜相联系，如康熙帝第八子允禩之子弘旺，后改名为菩萨保。此外，此时满族人的名字中开始避免选用有所避讳的字，女子的名字也日渐依附于男子。这些变化都体现出满族文化的汉化。当然，满族人仍有以数字取名、名不冠姓的传统，可见满族文化在汉化的同时，仍有部分因素留存了下来。

满族文化这种分散化，退居次要地位，变换外在形态，依附成深埋于汉族文化的方式，是一种文化内部的自主选择，是面对外来强势文化的一种自我保护。正如大隐隐于市，在繁杂的汉族文化中，满族文化得以留有一席之地。

用钱穆先生说过的一句话进行概括："任何一种文化都会有毛病，但所谓文化病往往恰好正从其文化优点上生出。"[①] 满族文化的核心是骑射文化，外化为八旗制度，这是其文化的闪光点，但有些依赖着八旗制度，吃着"铁杆庄稼"的旗人们，最后在出城禁令和保甲制度的束缚下，丢掉了祖宗的弓马娴熟，成了提笼架鸟的遗老遗少。八旗制度也为生计所困，变得举步维艰，这是满族文化不变不隐的一种情况。从其结果观之，八旗制度自矜其辉煌的过往，不能与时俱进，从满族文化的优点变成了尾大不掉的毒疮，令人感慨万分。

文化的归隐，是这一时期满族文化发展的主流，虽属无奈，却成为满

---

① 钱穆：《中国历史研究法》，生活·读书·新知三联书店 2001 年版，第 122 页。

族文化保全自身的一条途径，八旗制度的灭亡，也可以反面证明这一点。

四、文化冬眠期

这一时期从中华民国元年（1912 年）开始，到"文革"（1976 年）结束。

"女子多缠足，不轻外出。男子吸鸦片者甚众，亦好赌博，烟管赌具，几视为日用要物。""晚近士大夫习于声色，群以酒食征逐为乐，而京师尤甚。"① 这是对光、宣年间全国习惯的描绘，从中可见当时社会大环境之腐朽。满文化即在这样不利的环境中生长。

在上一时期中，满族作为统治民族，政权为其文化保驾护航，我们可以看到诸多保护满族文化的政策，如强制其他民族剃发易服，要求其他非满族文化对其硬性靠拢等。清太宗曾言："若有效他国衣帽及令妇人束发裹足者，是身在本朝而心在他国也。自今以后，犯者俱加重罪。"② 这都是对满族传统衣饰的政策倾斜，也是对其本族文化的保护。清高宗更要求"满洲等学习清语，以复满洲本业"③。有清一代的统治者，从未放弃过对"国语骑射"的坚持，而在满族丧失其统治地位的这一时期，这种文化扶持也已经失去。没有了外部的保护，又面临种种危机，满族文化呈现出一种默默无闻的状态。在这段严冬期里，满族文化沉沉睡去，也许会在春暖花开时苏醒，但也有一种可能，就是满族文化自此长眠不醒。

"驱除鞑虏、恢复中华"，这是 1894 年创办的兴中会的口号，起先满族是作为被驱除的对象而对待的，可以想见其文化所处的境地。后虽有《关于大清皇帝辞位之后优待条件》《关于清皇族待遇之条件》《关于满、蒙、回、藏各族待遇之条件》等协议，以及《中华民国临时大总统宣言》中提及的五族共和，但执行情况并不乐观，从清东陵中慈禧皇太后的定东

---

① 徐珂：《清稗类钞》，中华书局 1984 年版，第 2187、2196 页。
② 《清太宗实录》，卷 42，中华书局 1984 年版，第 554 页。
③ 王树楠等：《奉天通志》，卷 34，沈阳古籍出版社 1983 年影印本，第 684 页。

陵和乾隆皇帝的裕陵被盗一事即可窥见一二。这些协议连保护满族神圣王陵的约束力都不具备，谈何保护满族普通百姓及其文化。《从一张洪宪元年批示看当时北京满族状况》中提到了原开封知府崇泰之子的情况，在1916年时，崇泰之子曾向政府申请行医执照，但因其为旗人，被拒绝颁发执照，最后不得已将满族姓名苏安尼瓜尔佳氏改为汉名李承荫，将旗籍改为民籍，才得以行医，可见当时满族生存境况之恶劣。另据《满族社会历史调查报告》记载，八旗制度解体以后，八旗兵士曾遭大规模遣散，其善后工作亦乏善可陈。面对突如其来的身份转变，满族百姓连生存都成问题，更何况文化的发展。满族文化甚至还遭到满族人民自发的抵制，这是一种无奈之举，为适应新的文化语境，他们只能做出这种割舍。东北地区的满族文化本是相对保存较好的，但在长达十四年的日本殖民统治中，无疑也遭到了巨大的破坏。满族文化在全国范围内遭受致命的打击而湮没无闻，失去了发展的内在动力。

在老舍的《正红旗下》中有这样一段话："二百多年积下的历史尘垢，使一般旗人既忘了自谴，也忘了自励。我们创造了一种独具风格的生活方式：有钱的真讲究，没钱的穷讲究。"[1] 很恰当地概括了这一时期的满族文化。满族文化失去了精神支柱，伴随着核心文化的丧失、语言的濒危及骑射的荒废，既丧失了批判精神也失去了发展动力，只余下一副空架子。

满族文化在上一时期陷入否定自身的困境，面对这种危机，政策方面的保护却是治标不治本。为此，满族文化找到了一条出路，那就是自身的归隐。满族文化一方面分散于汉族文化之中，紧紧依附着汉族文化，另一方面则沉淀于汉族文化的底层，将自身深埋于其中。满族文化的这种自我保护，使其在文化冬眠期这种不利于自己的环境下，仍不至于彻底幻灭。满族文化只不过变得很虚弱，埋藏得更深更分散，要想找到和振兴它，变得更加困难，这就为下一时期满族文化的挽救留下了难题。

---

[1] 舒乙：《老舍讲北京》，北京出版社2005年版，第83页。

五、文化复苏期

这一时期从十一届三中全会（1978 年）开始，持续至今。

十一届三中全会后，各民族的优秀传统文化得到了百花齐放、百家争鸣的发展机会。在这样的大环境下，满族传统文化迎来复苏的好时机，同时也在席卷而来的传统文化复苏热潮中，面临着前所未有的挑战。

非物质文化遗产的划定所带来的经济效益，使得更多人把目光投向了满族传统文化的开发。以黑龙江省为例，第一批非物质文化遗产名录中有满族珍珠球、满族萨满神话等；第二批中有傅英仁满族故事、满族萨满神调、满族盘酱制作技艺、满族采参习俗、满族莫勒真大会、满族颁金节、满族传统婚俗、满族家祭、满族八大碗、满族年猪菜等；第三批中有满族说部《招抚宁古塔》、满族传统民歌、满族祭祀音乐、满族巴拉莽式、满族杨烈舞、满族拍水舞、满族萨满舞、满族礼节等。这些纷繁复杂的名目，印证了满族传统文化在新时期的大繁荣，这些项目或多或少体现出了满族文化的一些侧面。不过，其所体现出的文化又多呈表面化趋势。不可否认的是，这一切活动都有一个良好的初衷，但一些活动功利性较强，而且抓不住满族文化的核心和实质，最后，所谓的满族文化复苏成为一种盈利手段，这对传统文化的保护和发扬是十分不利的。如个别家族家祭中穿戴着经改良后的满族服饰；祭词是不标准的满文，由于神歌残余不全，主祭人反复诵唱剩下的几句神歌……一场仪式只剩下框架，成为日常生活中的现象。另外，一些清宫戏及清史著作中散落的满族传统文化被演绎得面目全非，速食、消费、娱乐的文化产业，使得真正的满族文化发展起来举步维艰，困境重重。

满族传统文化目前的主要困境大概可以总结为以下四点：一是满族语言的濒危；二是追踪溯源的无力——家谱失修，导致对过去记忆的淡漠；三是满族文化的模糊——过度的演绎使其与真正的、核心的文化离得更远，同时也混淆了公众的视线；四是语境的丧失——满族离开了白山黑水，离开了文化生长的环境，满族文化的复苏面临着更多的挑战。

第二章

黑龙江满族语言的遗存

传统文化可以从日常生活中去寻找，而不是在某种理论或原则中寻找。它们包含在传统语言当中，因为语言可以敞开自己，语言也就是言谈。满族人通过言谈传达自己的情绪，也揭示自己与世界之间的关系，因此，他们努力学会倾听自己的语言。虽然满族人知道自己的传统语言已经濒临消亡，但他们仍然试图以言谈表达情绪，并且执着于语言的恢复抢救，哪怕仅仅将这种言语行动当作一种"真空行动"。

第一节　黑河地区满语的演变

黑河地区位于黑龙江省北部，黑龙江中、上游右岸，介于北纬47°42'—51°03'、东经124°45'—129°18'之间。北与大兴安岭地区的呼玛县接壤，西以嫩江干流为界与内蒙古自治区的呼伦贝尔为邻，西南与齐齐哈尔市的讷河、克山、克东3县接界，南与绥化地区的海伦、绥棱县相连，东南与伊春市及所辖的嘉荫县相毗邻，东北部以黑龙江为界与俄罗斯的阿穆尔州隔江相望。历史上黑河地区的境域历经多次变迁，现在南北长379.2 km，东西宽 349.4 km，面积为 68 726 km²。① 黑河地区从行政上下辖爱辉区、北安市、五大连池市、嫩江市、孙吴县、逊克县。

黑河译自满语"萨哈莲乌拉"，因黑龙江而得名。黑龙江流域在历史上就是我国北方少数民族活动较为频繁的地区，如古老的肃慎民族就曾生活在黑龙江中、下游，东胡也曾生活在该地区北部。其后，汉至两晋的挹娄，北魏的勿吉，鲜卑后人室韦，隋唐时的黑水靺鞨，宋元明时期的女真等等，都曾在这片富饶的土地上繁衍生息。在不同的历史时期，黑河地区（或部分地区）隶属于不同的管理机构。如在唐代归属于黑水都督府，金代由上京路所辖蒲峪路（治所在今克东县境内）管辖，在元代归属于辽阳行省的开元路和水达达路，在明代受奴尔干都司统辖。在黑河地区本土设制是在清朝。康熙二十二年（1683 年），为抵御沙皇俄国入侵，在黑龙江左岸的旧瑷珲城即黑龙江城（今俄罗斯境内）设置黑龙江将军衙门，同时设一名将军，两名副都统，统辖黑龙江、嫩江流域广大地区，黑河全区均在辖区内。1685 年，黑龙江将军衙门迁至江右岸新瑷珲城（今爱辉区），1690 年移至墨尔根城（今嫩江市），瑷珲副都统留守原城并从属于黑龙江将军。民国年间，黑河大部分地区为黑河道尹公署管辖。1945 年 11 月，黑河地区行政办事处成立。② 从历史上看，黑河地区一直是少数民族居住的地区，也曾是满族的先民肃慎族系主要栖息地之一。有清一代，其主要居民为满族、达斡尔族、鄂温克族、鄂伦春族，直至清末民国年间，特别是新中国成立后，才陆续有汉族迁入，这是黑河地区满语在 80 年代中期以前保存较好的一个历史原因。

一、黑河地区满语使用的演变过程

黑河地区曾是满语使用较好的地区之一，也是研究满语、满族文化的

---

① 王兆明：《黑河地区志》，生活·读书·新知三联书店 1996 年版，第 4、5 页。
② 王兆明：《黑河地区志》，生活·读书·新知三联书店 1996 年版，第 3 页。

重要基地。早在20世纪初，俄国学者史禄国就曾对该地区进行调查，并著有《满族的社会组织——满族氏族组织研究》①；满都呼、段瑞渊、宋肃瀛、李清和四人组成的调查组于1958年9月对该地区进行了调查；80年代至90年代曾有黑龙江省满语研究所刘景宪、黄锡惠，中央民族大学季永海、白立元、赵志忠，北京市社科院满学研究所赵志强、江桥，中国第一历史档案馆吴元丰，新疆民族语言文字工作委员会奇车山以及中国社会科学院民族研究所的部分学者赴该地区进行调查，获得了大量颇有价值的语言文化材料。特别是在1986年7、8月份，刘景宪、季永海、白立元、黄锡惠四人组成的调查组，对该地区的满语进行了较全面系统的调查录音。这些宝贵的满语口语录音资料不仅反映了当时黑河地区较好的满语使用和保存状况，而且在满语已濒临消亡的今天，对我们从事满族语言文化研究具有重要参考价值，是不可多得的满语"活化石"。但遗憾的是，到目前为止，有关该地区的满语情况的专论却很少见诸报道。除了上文提到的俄国学者史禄国所著一书外，还有满都呼等人的调查报告，在1983年经赵展先生修改、节选后，发表的《黑龙江省爱辉县大五家子乡大五家子村满族调查报告（节选）》② 一文、中国社会科学院民族研究所王庆丰先生于1984年发表的《爱辉满语概况》③ 一文。有关黑河地区的满语现况，也有不同说法。大多数学者认为该地区的满语已经消失，现在所能发现的也只是一些满语残留部分；但也有学者认为，满语在部分村屯仍作为交际语言使用，有一些满族老人能够使用较完整的满语。为了了解黑河地区满语使用的实际情况和满语留传情况，课题组于2003年8月初对该地区进行了调查。调查地点主要有黑河市的大五家子、下马厂，孙吴县沿江满族达斡尔族乡的西屯和四季屯，逊克县奇克镇、新兴鄂伦春族乡和车陆乡宏伟村。还有一些地区原本已列入调查计划，但因时间关系和被调查人因素未能进

---

　　① 史禄国：《满族的社会组织——满族氏族组织研究》，高丙中译，商务印书馆1997年版。

　　② 满都呼、段瑞渊、宋肃瀛、李清和：《黑龙江省爱辉县大五家子乡大五家子村满族调查报告（节选）》，见《民族问题五种丛书》辽宁省编辑委员会编：《满族社会历史调查》，辽宁人民出版社1985年版。

　　③ 王庆丰：《爱辉满语概况》，载《民族语文》1984年第5期。

行，包括黑河的四嘉子满族乡，坤河达斡尔族满族乡，逊克的新鄂鄂伦春族乡等满族居民较多的地区。但通过走访了解，课题组对黑河地区自20世纪60年代以来满语保存较好的几个地区如大五家子、孙吴县的四季屯等地满语使用的历史和现状有了较全面的认识，基本上厘清了该地区满语的演变轨迹。由于黑河地区的满语并不像富裕县主要集中于三家子村，而是分散在不同的地区和县乡，所以本小节将按地点分别介绍该地区满语演变的过程。

（一）黑河市大五家子满族乡

大五家子满族乡成立于1956年春，原属爱辉县，包括大五家子、下马厂、蓝旗沟、鄞民村四个自然屯，"前三个屯70%以上是满族，只有少部分汉族和达斡尔族；鄞民村全是汉族，是1956年由山东省鄞城县迁来的移民建立起来的。"① 1993年，原黑河地区行署改建制为黑河市，原黑河市改建制为爱辉区。大五家子满族乡满语保存最好的两个村屯是大五家子村与下马厂村。

大五家子屯的建立大概是在康熙四五十年的事，定居的满族多是镶白旗和正黄旗人。初建屯名叫乌鲁吐塞（即屯子之意），但是因为汉族和达斡尔族称呼不便，又因居住在这里的满族中关、臧、杨、吴（以上属镶白旗）、富（正黄旗）五哈喇（姓）的人最多，所以人多称为五家子，直至今日。② 这里的满族最早应是在清康熙年间由当时的宁古塔副都统萨布素从宁古塔（今黑龙江省宁安市）带来抗击沙俄的八旗士兵。后来经过多次人口变迁，这里的满族成分也有所变化，除了镶白旗和正黄旗外，还有镶蓝旗、正白旗等。

① 满都呼、段瑞渊、宋肃瀛、李清和：《黑龙江省爱辉县大五家子乡大五家子村满族调查报告（节选）》，见《民族问题五种丛书》辽宁省编辑委员会编：《满族社会历史调查》，辽宁人民出版社1985年版，第211页。

② 满都呼、段瑞渊、宋肃瀛、李清和：《黑龙江爱辉县大五家子乡大五家子村满族调查报告（节选）》，见《民族问题五种丛书》辽宁省编辑委员会编：《满族社会历史调查》，辽宁人民出版社1985年版，第213页。

在大五家子村，课题组采访了满族老人关振志（73岁）及其老伴何世英（71岁）。关振志老人有一定的文化，讲述得比较清楚。关振志老人说自己祖上是镶蓝旗二佐，其前辈最早定居于江东六十四屯。老人概述了满语在该地的使用历史。在1946年前，也就是老人十一二岁时，全村满族居民都用满语交流。即使在1965年前，全村人也大都说满语，当时老人汉语说得不好，以满语为主要交际语言；中年人也多数讲满语（主要用于同龄人之间或与长辈人交谈，与孩子则很少说满语），少数讲汉语，正处于由满语向汉语转化的初级阶段；小孩则只能听懂一些满语，大多数不能讲。但那些与爷爷、奶奶生活在一起的孩子，满语掌握程度则较好，不仅能听，而且能说一部分。何世英老人从小与奶奶生活在一起，奶奶汉语说得不好，主要用满语交流。奶奶经常让她去买东西，都是用满语说的，所以她物品类词汇掌握较好；经过提示，句子也能说出不少。这些词句主要都是在小时候学的，爷爷奶奶去世后就不再说了。现在二位老人仍能记起满语的一些日常用语，比如：抽烟、喝酒、时间、动物、食品、衣物、蔬菜、数字等，都能说一部分，生活中不常用的词语则很少能说上来。老人认为满语退化的原因是人口变迁导致的语言环境的丧失。在1969年10月中苏关系紧张时，大五家子处于边境地区，有不少满族居民开始搬迁走了。后来两国关系缓和后，又陆续迁回来，同时迁来的还有其他民族，主要是汉族。随着汉族人口的增多，汉语交际逐渐代替了满语交际，青少年上学后普遍接受汉语教育。

在下马厂村，经人推荐介绍，课题组来到满族老人何士杰（71岁）家中进行调查，并特意将当地满语较好的关根红老人（74岁）请来，恰好当时有几位老人（只有1人为汉族，其余3人均为满族）正在玩纸牌。课题组首先调查了满语口语的留存情况，主要是关根红老人说，何士杰老人补充。有趣的是说到一些常用的词语时，玩纸牌的老人们也能脱口而出。从词汇来看，能"翻"①上来的约有三分之一，其中动物词汇，亲属称呼较

---

① 在黑河地区，满族人称说满语为"翻满洲话"，在三家子村也是如此。

多，而其他各类词汇相对较少。有的词需要经过提示才能说出来，有的词他们认为很熟习但由于长时间不说而忘记了。句子"翻"的情况远不如词汇，能连续说的几乎没有。他们自己也认为以前曾说得很好，但已经很长时间没有使用满语交流了。据老人们介绍说，下马厂村的满族居民中较大的姓氏有关姓、葛姓、何姓，20世纪60年代中期以前当地满族居民能占全部人口的一半，基本都以满语进行交流。特别是他们的上一辈老人，汉语说不好，只会用满语交流，而他们这一代人在小时候大都使用满、汉双语，在家里讲满语较多，长大后外出时（上学或工作）则主要使用汉语。关根红老人说，在60年代中期以前，只要家里双亲都是满族且健在的，孩子都能说一部分满语，且全能听懂。60年代中期至70年代中期，在公开场合就不用满语了，但在家里或较近的亲戚朋友之间仍使用满语。1958年场社合并后，由于附近新成立的单位缺少劳动力，1960年从该地抽调了一些人（约50%）移往他处，使满语使用环境遭到破坏。后来到80年代，陆续有汉族移民迁入，能说满语的人在全村的比例越来越小，满语也就不再使用了。有关满族民俗，老人们介绍说在60年代中期前较多，如祭祖、"抬家谱"等，但60年代中期以后就都没有了。

从以上材料可以看出，在大五家子村和下马厂村，满语在20世纪60年代中期之前保存得较好，这不仅体现为满语是当地的主要交际语言，而且体现为中年人和老人的满语水平普遍较高，即使是儿童，也有一部分能够听懂。也正因为如此，直到80年代中期，仍有一部分人能够较熟练地使用满语，这部分人主要是60年代时期的中年人。尽管此时满语已不是主要的交际工具，但这部分中年人因有良好的满语基础和讲述满语的习惯，仍部分地使用满语进行交际，特别是在与老年人和能够使用满语的同龄人进行交流时。到了90年代末和21世纪初，能够使用满语的人越来越少，部分老人已经去世，满语交际群体也日趋解体，所以，他们只能说上部分满语词汇和简单的日常用语，在平时已经完全不使用满语了。

（二）孙吴县沿江满族达斡尔族乡

沿江乡的村屯在 1929 年前属瑷珲县第四区，后为奇克县（后来的逊克县前身）第四区所辖，1940 年划归孙吴县，1948 年土改结束，建立了第三区人民政府，1956 年改为沿江乡，1959 年成立人民公社，1983 年建乡政府，1988 年改为沿江满族达斡尔族乡。沿江乡位于县城东北沿江平原一带，东南与逊克县，西北与黑河市接壤，西南与腰屯、卧牛河两乡为邻，东北隔黑龙江与俄罗斯相望。全乡辖 9 个村，8 个自然屯。其中四季屯，东、西霍尔漠津，大、小桦树林子等屯开发较早。康熙二十三年（1684 年），一些吴姓八旗人从宁古塔移居今四季屯址，逐渐形成自然屯。同年，一批何姓人家从宁古塔移居于今东、西霍尔漠津屯，此前约 200 年，从山东曲阜县迁来的一些曾姓人家住在此地，后来曾姓被编入汉八旗（正白旗），而何姓（满族）属镶红旗。光绪二十六年（1900 年）该地被沙俄侵占，屯民逃散。清政府收复后，屯民陆续返回，人口逐年增多。①

在该乡的历史上满语使用较好的村屯有两个：西屯和四季屯。

西屯是沿江满族达斡尔族乡乡政府所在地，也称西霍尔漠津村。在这里我们采访了邵文海老人（85 岁）。邵文海老人说，他本属正黄旗，爱新觉罗氏肇姓，后因某种原因而改为邵。他于 1980 年 3 月由逊克县逊河镇三河大队迁入本地，其祖辈是从吉林宁古塔迁入黑河的。邵文海老人的父母都会说满语，而且当时逊克三河大队满族居民占一半以上，大都用满语交际，有的老人甚至不会说汉语。邵文海老人小时候也能说满语，但在 13 岁上学后就以说汉语为主了，特别是在去黑河读农业中专后，满语就几乎不能说了。新中国成立后，因父母去世，也就不再有机会使用满语了。来到西屯后，整个村屯只有少数几位老人能说满语，但平时都不说，所以满语逐渐退化。现在邵文海老人仍然能听懂满语，一些常用的词语也能说出

①　孙吴县志编纂委员会办公室编：《孙吴县志》，黑龙江人民出版社 1991 年版，第 39、40 页。

来，但已略显笨拙。像他这样能听懂满语但不能说的老人在该屯还有几位，如邵音才、吴世丑（年龄均在 70 岁以上）等。可见，在 80 年代以后，满语在西屯就已经消失了。

四季屯是该乡建立较早的自然屯之一。该屯产的黄烟较为出名，清代朝廷曾指名纳贡。四季屯因其依山傍水、风景秀丽而成为县城居民的春游地之一，该屯还设有本县唯一的航运码头。

四季屯现共有居民 170 到 180 户，其中满族居民约为 100 户。有一位名叫何世环（76 岁）的满族老人满语讲得很好，她是在 60 年代从瑷珲迁入本地的。其丈夫关文园也是满族，四年前去世，曾在伪满洲国时任屯长。由于双方的父母也都是满族，而且一直使用满语，所以他们两人的满语很好，直到丈夫去世前，两人在家还一直说满语，特别是一些不想让别人听的话都用满语说。何世环老人的孩子也能听懂满语，而且还能说一些简单和常用的词语。何世环老人是本次调查中满语讲得最好的一位，在所调查的 2000 多个词语中，老人能说上三分之二，有的还能组成句子说出来。据老人介绍，在 60 年代中期前后，全村满族人口占绝大多数，全村人几乎都能说满语，即使年轻人也能全部听懂，且能说一部分。当时由关里来的"跑腿子"（单身）也逐渐学会了使用满语交流。老人说，在 20 世纪 70 年代，家常话都用满语说，主要是在家里，在公共场合不敢说。现在四季屯还有一些满族老人（大约十几人）能用满语对话，有的都已有 80 岁高龄，身体状况不是很好，耳朵有些背，翻得也大不如从前。由于时间关系，未能对他们进行采访。

从整个四季屯的情况来看，由于这里满族人长期聚居，并占整个村屯人口的绝大多数，所以，满语一直被作为全村的交际工具使用。虽然满语在 60 年代中期至 70 年代中期曾受到一定的破坏，但在民间的日常生活中仍然具有很强的活力，直到 80 年代中期之前，满语仍然保存得相当好，这一点可以从 1986 年中央民族大学季永海、黑龙江省满语研究所黄锡惠的调查录音里得到证明。即使现在（截至调查时间），满语在这里仍然在一定程度上存活着，有些老人仍使用满语和汉语两种语言进行交际，当然，这种交际只限于能够使用满语的本族老人之间。

（三）逊克县的满族

逊克县于 1943 年 7 月由逊河、奇克两县合并而来，而其地方建制是从清光绪三十二年（1906 年）开始的。清政府为加强对鄂伦春族的统治，在今天的逊河镇东新村设毕拉尔路鄂伦春协领公署，满族的先民女真人曾生活在这里。700 余年前的金代，逊克境内已出现百户以上的女真族部落，实行"猛安谋克"制的军事制度。在金代后期至元代初年，由于大批女真人南迁，加之战乱摧残，这里出现了人烟稀少、土地荒芜的局面。17 世纪中叶，此地是鄂伦春族的游猎栖息地。清光绪二十六年（1900 年）前后，由瑷珲县的桦树林子屯迁来两三户满族人家到此定居，以打木桦子为业（供应黑龙江上俄国航轮的燃料），因而此地被称为"桦子场"。17 世纪沙皇俄国东侵，在精奇里江（今俄罗斯境内结雅河）沿岸居住的鄂伦春族被迫南迁，其中一部分游猎进入逊克境内，成为逊克境内的世居民族。1900年"庚子俄难"，江东六十四屯幸存的部分难民逃难来此定居，开成村落。而江东六十四屯幸存者中大部分为满族人，或满语特别好的人，所以此次人口迁移将满语带到了逊克。清宣统二年（1910 年），黑龙江泛滥成灾，瑷珲直隶厅动员灾民 53 户移居奇克、逊河、干岔子、车陆等地，这是满语第二次被带至该地。可见，这里最早的世居民族应为鄂伦春族和满族，而人口变迁又不断将满语输入到该地区。

在逊克县曾经使用过满语的村镇有奇克镇、新兴鄂伦春族乡和车陆乡宏伟村。

奇克镇为逊克县政府所在地，也是全县的政治、经济、文化中心和航运、岔路交通的枢纽。据当地的满族老人邵金禄（80 岁）讲，他是 1947 年由孙吴沿江乡的西屯迁来的，当时西屯满族人口占 30%。他爷爷使用满语，汉语较差；父亲使用双语，对孩子讲话有时用汉语有时用满语，而与同龄满族人之间交流时仍用满语。老人到七八岁之前一直生活在满语环境里，但用满语交流的机会甚少，所以老人几乎一直不能使用满语，但到现在仍然能听懂。现在逊克县县城里满族人口不多，而且都分散居住。老人是自己一个人来到逊克县的，所以自从迁来后就没有再听到有人说满语了。可见，该镇由于建镇时间不长，而且居民成分复杂，满族在人数上不占优势，满语一直没有作为交际语言而存在。

在逊克县有两个少数民族乡，一个是新兴鄂伦春族乡，一个是新鄂鄂伦春族乡。

1953年逊克县鄂伦春族定居建村时，一部分鄂伦春人于都尔滨河畔建立了新兴村（现新建村），1956年改建为新兴民族乡，1964年改为新兴人民公社，1966年公社驻地由原来的新兴村移驻新址，即现在的新兴鄂伦春村。1984年4月政社分开，改建为新兴鄂伦春族乡。①

该乡至调查时共有居民1433人，鄂伦春人口183人，大部分为汉族居民，此外还有满族、锡伯族、达斡尔族、蒙古族、朝鲜族。满族人口排在第三位，且多数在新兴村分散居住，这里已没有人能讲满语。据当地一位满族居民臧福君（53岁）称，他是1968年同全家一起从车陆乡迁来此地的，同时迁来的还有许多户居民，其中有三四户满族。这次人口迁移主要是因为新兴乡刚建立不久，劳动力缺乏。臧福君的父母都是满族，父亲是瑷珲生人，后迁至现在车陆乡宏伟村前身老渔亮子，正蓝旗。在车陆乡时，老渔亮子的居民几乎都是满族，满语也就成为居民日常交流的主要用语，臧福君在七八岁时也能听懂满语。父亲在1965年左右去世，不久他们就迁到了新兴鄂伦春族乡。在这里年龄较大的鄂伦春居民都能讲满语，所以臧福君的母亲迁来后，尽管老伴去世，但仍能用满语同鄂伦春老人进行交流。臧福君的母亲在三年前去世，现在该乡只有几户满族，但无人能使用满语，鄂伦春居民中从前能说满语的都相继去世。在这里我们也了解到，新鄂鄂伦春族乡和这里的情况大致相同，现在也没有人能说满语了。

以上情况说明，这两个民族乡在80年代之前，有部分人能够使用满语，而且在日常生活中也部分地使用满语，但满语一直没有作为全村的交

---

① 逊克县地方志编纂委员会编：《逊克县志》，黑龙江人民出版社1991年版，第64页。

际用语，现在已没有人说满语了。

宏伟村，以前称渔亮子或老渔亮子，由几个零散的居住区组合而成。这里由于紧临黑龙江，且地势较低，经常遭受水灾，在 50 年代尤为严重，如在 1951 年、1953 年、1955 年、1956 年曾接连发洪水，因此该地的人口流动也比较频繁。据宏伟村一位满族老人徐淑贤（76 岁）介绍，她是 1958 年 6 月迁来本地的，当时该村只有 20 户左右居民（包括单身户），除了一两户达斡尔族外均为满族。1959 年从关里迁来一部分汉族居民，但有的因水土不服而又迁走。当时村里的老人和 30 岁左右的中青年都说满语，小孩在上学前也能说满语，但上学后都是汉族教师用汉语教学，因此逐渐改用汉语了。现在村里 70 岁以上的满族老人中仍有能讲满语的，但平时都已不说了。

应该说，宏伟村是目前整个逊克县满语保存最好的村屯。在该屯形成之初，其主要居民便是满族，满语是他们的主要交际工具。虽然在 50 年代末曾有过几次较大规模的人口变迁，但当地居民的主体仍是满族。到 80 年代之前，满语在这里还部分地行使交际职能。现在仅有个别满族老人能够讲满语，但在实际生活中已经不再使用了。

（四）小结

通过对黑河地区在历史上或目前满语使用较好的几个村镇的情况进行介绍分析，我们大致可以看出黑河地区满语使用情况的演变过程。

第一，为了抗击沙俄侵略，康熙年间，清政府派宁古塔副都统萨布素率领 2500 人来黑河地区，并建立了瑷珲城。这 2500 名士兵大多为满族，不久后又将士兵的家眷接来在此定居，满语作为他们的共同交际语言开始在这里扎根。后来，由于军事的需要和社会经济发展的需要，满族士兵及家属不断分散到黑河地区的不同村镇，满语也逐渐推广到各地，形成了良好的满语使用圈。所以，直到 20 世纪 60 年代中期以前，满语在这里仍有很大的使用范围，特别是在满族聚居的大五家子村、下马厂村、孙吴县的四季屯等村落，满语保存得相当完整，并作为村屯的交际语言而存在。但在其他地区，满语已让位于汉语。

第二，在 60 年代中期至 80 年代中期，满语处于逐步衰退的阶段。基于满语讲述好的老人自然减员、人口变迁、满语使用群体遭到破坏等原因，仅在满语基础特别好的个别村屯有部分人能够使用满语，但其使用范围更多地限于家庭和亲属、朋友等狭小的领域中，大众交际则越来越多地使用汉语，青少年也已完全放弃了满语而改用汉语。

第三，80 年代中期至现在，满语处于快速濒危的状态。一方面，作为一种交际工具，满语已退出历史舞台。尽管在一些地区如黑河的大五家子村、下马厂村，孙吴县沿江乡的四季屯等地仍有人能够说满语，有的还能较熟练地使用，但满语的言语社团已不复存在，即便是在家庭这一最小的交际圈也没有人使用满语。但另一方面，仍有一部分人具有用满语进行交际的能力。在孙吴县沿江乡的四季屯，满语程度较好的老人还有 10 人左右，五道沟的卡仑山村、大五家子的蓝旗沟村、坤河乡的部分村屯也都有人能够说满语。

二、黑河地区满语濒危的原因

黑河地区自古就是满族及其先世的世居地之一，有着良好的满语基础。至 20 世纪 80 年代中期以前，这里的满语虽然不断退化，但仍然在一定程度上有所保留。但时至今日，满语在这里仅仅作为一种文化遗存而存在，其中的原因是多方面的，最主要的有以下三个方面。

首先是政治因素。在 20 世纪 60 年代中期以前，满语在黑河地区一直保存得较完整，这一点在几个村屯都得到了证明。"文革"期间，满语被视为"反动语言"和"特务语言"而被禁止使用，即使在亲朋好友之间使用，如果被发现也要受到处罚，有的甚至要遭受牢狱之灾。这种政策上的强行禁用，使满语由地上转入地下，开始了大范围的衰退。

其次是人口变迁。不同时期的人口变迁对满语的影响是不同的，清代的人口迁移促进了满语在该地区的传播与推广。在不同地点调查的满语较好的人当中，许多都确定自己的祖辈来自宁古塔，也就是在1683年萨布素率八旗士兵来此建黑龙江将军衙门抗击沙俄时迁来的。这些士兵及其家属在这里又不断繁衍，形成了稳定的满语社团，满语得以在此生根、传播。但在60年代，由于社会的发展需要，新基地的开垦导致该地区人员的流动，原本聚居的满族居民被分调至新建点。随着社会发展，劳动力仍然不足，开始从关内或其他地区补充迁入新的劳动力，而这些人大都为非满族，主要是汉族。满语的语言群体和语言环境都遭到破坏，下马厂村就属于这种情况。另外，还有一些人口迁移属于以家庭为单位的个人行为，有的是因为自然灾害，有的是因为生活困难。几经迁移后，几个民族共居取代了原来的满族聚居，交际语言也就由单一满语转为双语或多语，最后逐渐被强势语言（汉语）所统一。

再次是满族人口分散居住。在这次调查之初，询问当地人有关满语保存较好的乡村时，他们列出了很多地方。调查时发现，除了四季屯满族人口相对集中，占全村人口一半以上，其余的满族人口都为少数，且能说满语的也就几个人。人员流动导致满族人口分散居住，而散居又造成了满语环境的丧失。许多接受调查者在回答满语退化的原因时都说"没有用满语交谈的人了"。"跟谁说去？这里也没几个满族人了。"满族人口分散居住使满语难以在这个地区继续保存和留传。

最后，社会经济的快速发展也是导致满语在这一地区迅速衰退的一个重要原因。虽然黑河地区属于我国东北的边境地区，但同样受全国社会发展大环境的影响。在其发展过程中，原有的地方语言文化必然要受到社会主体语言文化即汉语言文化的冲击，这从外部加速了满语的衰退。

第二节　三家子村满语的演变及原因

黑龙江省齐齐哈尔市富裕县达满柯友谊乡三家子满族村是目前满语保存最好的村屯之一，但整体满语水平也已大不如前，仅有少数满族老人能够较好地使用满语。在20世纪60年代至21世纪初不到50年的时间内，满语在三家子村作为普遍使用的交际工具经历了逐步退化而最终消失的过程。

随着世界范围内对濒危语言的不断关注，众多学者也开始加大了对濒危语言的研究力度。作为一种濒危语言，满语是阿尔泰语系满－通古斯语族中唯一真正有文字的语言，在我国北方少数民族语言中极具代表性，同时也是曾在有清一代被定为官方语言文字的少数民族语言。20 世纪 60 年代初有学者在对富裕县达满柯友谊乡三家子满族村进行调查时发现，当时满语仍然作为交际工具被普遍使用。[①] 而在 2002 年 7 月实行的调查则发现，能够较流利地使用满语者仅有 18 人。[②] 在不到半个世纪的时间内，满语在三家子村完全丧失了交际功能，这一演变过程是复杂的，其中原因也是多方面的。本节根据以往学者在不同时间对该村的调查资料，并结合笔者的调查情况，拟就三家子村满语使用情况的演变过程以及导致变化的原因进行初步研究，探寻其中的规律，以期为研究我国北方其他濒危少数民族语言提供借鉴。

一、三家子村满语口语使用的演变过程

语言是人类交际的工具，任何一种语言的产生、发展和演变都与人类的社会实践活动密切相关。因此，在论及语言的演变，特别是活的、在使用中的语言的演变时，不仅要研究语言自身作为一个符号系统所包含的各项因素，如语音、语法、语义、词汇、形态结构等的演变，而且应讨论语言作为一种交际工具在社会中应用的变化。关于三家子村满语自身的演变，已有学者对不同时期的情况分别做了论述，如：恩和巴图的《满语口语研究》，对 60 年代三家子村满语词汇的音变、词义变化及特点、满语话

---

① 金启孮：《满族的历史与生活——三家子屯调查报告》，黑龙江人民出版社 1981 年版。

② 赵阿平、郭孟秀、唐戈：《满－通古斯语言文化抢救调查——富裕县三家子满族语言文化调查报告》，载《满语研究》2002 年第 2 期。

语材料、满语词汇等进行了系统全面的论述①；季永海、赵志忠、白立元的《现代满语八百句》②，季永海、白立元的《三家子村满语和汉语的关系》③ 等论文，乌拉熙春的《满洲语语音研究》④ 等，对 80 年代中期满语语音、语法、词汇的演变规律及特点做了阐述。从这些学者的论述中基本上可以看出三家子村满语自身的演变过程，在此不再赘述，本小节主要论述的是三家子村满语在使用上的演变过程。

语言演变是一个渐变的过程，具有一定的连续性。一种语言如果昨天还在被大多数人用作交际工具，那么，这种语言就不会在今天突然被彻底弃用。因此，以较小的时间单位为分界很难划分一种语言的演变阶段，但从较长的历史跨度来看，一种语言的发展轨迹却可以清晰地显现出来。此外，这种历时研究在很大程度上要受史料（主要是不同年代调查资料）的限制，如果没有充足可信的第一手材料做基础，就无法取得令人满意的研究成果。三家子村满语自 20 世纪 60 年代至 21 世纪初，经历了由普遍使用到濒临消亡的过程。根据有关材料和笔者参加的实际调查，可以将这一过程大致分为三个阶段：60 年代初（1961 年）至 80 年代中期（1986 年），80 年代中后期（1987 年）至 90 年代中后期（1997 年），90 年代中后期（1998 年）至现在（2002 年），共有四个时间点。现分别将这四个时间点的情况介绍分析如下。

（一）1961 年的情况

1961 年 8 月，内蒙古大学中文系调查满语语言工作小组对三家子村的满族语言及历史文化进行了全方位的调查，这是国内首次对该地区进行的

---

① 恩和巴图：《满语口语研究》，内蒙古大学出版社 1995 年版。

② 季永海、赵志忠、白立元编著：《现代满语八百句》，中央民族学院出版社 1989 年版。

③ 季永海、白立元：《三家子村满语和汉语的关系》，载《中央民族学院学报》1990 年增刊。

④ 乌拉熙春：《满洲语语音研究》，日本京都立文社 1992 年版。

语言文化调查。① 调查组的学者们获得了大量宝贵的第一手资料，随后发表了一批水平很高的学术成果，其中金启孮先生所著的《满族的历史与生活——三家子屯调查报告》对当时三家子村的满语使用情况进行了详细介绍。

根据金启孮先生的记述，当时三家子村的 80 户满族居民几乎都能说满语，熟练程度大约可以分为三种类型。为了方便介绍，现将三家子村当时的人口分布及语言使用情况分别以表格形式转述如下。②

表 2 – 1　1961 年三家子村人口分布统计表

民族	满族	汉族	达斡尔族
户数	80	19	2
人口数	355	54	10

表 2 – 2　1961 年三家子村满族居民满语、汉语使用程度统计表

年龄段	满语使用情况	汉语使用情况
老年（50 岁以上的人）58 人	满语讲得好	但汉话较笨，有人有时还听不懂汉语
中年（20 岁以上、50 岁以下的人）108 人	满语熟练，在家中基本上多用满语讲话。	汉语熟练
少年（20 岁以下的人，包括儿童）189 人	十几岁的少年在家说满语的，约占全屯的三分之一。至于儿童特别是三四岁的儿童只能听懂满语，却不能说了。	比满语好

---

① 1961 年的情况主要参考金启孮先生所著《满族的历史与生活——三家子屯调查报告》（黑龙江人民出版社 1981 年版），除直接引用外，不再单独注明。

② 金启孮：《满族的历史与生活——三家子屯调查报告》，黑龙江人民出版社 1981 年版，第 52 页。

通过分析上述数据可以得出以下结论：

其一，1961 年，满语在三家子村是作为全村交际工具使用的共同语言，满语不仅有稳定的使用群体，而且有很广的使用范围。从 50 年代至 60 年代初，三家子 80 户满族几乎都能讲满语，尤其是 50 岁以上的老年人，满语讲得很流利，但说汉语却很吃力，甚至有时听不懂。20 岁以上的人，满语、汉语都能熟练使用，但在家中不讲汉语。少年儿童能讲满语的也不少。① 尽管当时村中除了 80 户满族外尚有少量汉族和达斡尔族，但满族在人口和户数上都占绝大多数，因此，他们的母语满语也就成为强势语言，被其他民族所接受。另一方面，在清朝时达斡尔族就有着悠久的达满双语历史，"清末以后，各达斡尔族地区的小学都开始由原来主要学习满文转为学习汉文"②，而且达斡尔语与满语同属阿尔泰语系，在诸多方面具有共同特征，所以对于达斡尔族人来说，学习并使用满语并不是一件难事。受到环境影响和生活需要，许多汉族人也学会了说满语，这一点在后来的调查中得到了证实。计喜生老人（80 岁）是现在三家子村满语使用得最好的老人之一，他的妻子富云（77 岁）就是汉族，她的满语也说得很好。据她说是在年轻时学会的，按年龄推算应该是在 60 年代初期。而汉语借词的不断增加，也使汉族人掌握满语变得相对容易了。

其二，金启孮先生在介绍三家子村满语使用情况时是直接按年龄来划分人群的，而年龄又恰恰与满语使用程度成正比，与汉语使用程度成反比，即年龄越大的人，满语说得越好，而汉语说得就越不好。这反映出对于 50 岁以上的人来说，他们一直生活在以满语为主体交际语言的文化圈，进而说明在他们之前，满语一直是稳定的社会交际工具，汉语的影响并没有导致满语的弱化。

其三，在部分人（主要是中年人）中存在明显的满语、汉语双语使用

① 李洁平：《"伊兰孛"屯的形成及其族俗》，载《黑龙江文物丛刊》1981 年第 1 期。
② 丁石庆：《达斡尔语言与社会文化》，中央民族大学出版社 1998 年版，第 28 页。

现象。导致这种现象的直接原因是三家子村之外的强势语言汉语与本村强势语言满语之间的碰撞。在清朝末期，三家子村附近的大马冈、小马冈、大高良、小高良等屯也都以满语为日常用语①，但在民国之后，他们陆续放弃了满语而改用汉语。稍远的富裕县城和齐齐哈尔市因汉族居民占多数而以汉语为公共交际用语，形成了汉语文化圈与三家子村满语文化圈"对峙"的格局。这种双语现象反映出中年人对自己母语观念的微妙变化。一方面，他们仍然认同满语，继续使用满语，特别是在家里同老人交流时；另一方面，他们不再像老人那样将满语视为唯一的交际工具，而开始接受并使用汉语。这种语言观念在一定程度上影响了他们子女的语言选择与使用。

其四，从老年人到中年人再到青少年，满语与汉语的使用呈现出此消彼长的形势，满语在三家子村的消退已初现端倪，语言转用现象已经出现在青少年特别是儿童身上。语言转用是"一个民族或一个民族的一部分人放弃使用母语而转用另一民族语言的现象"②。"它是语言使用功能上的一种变化，是语言使用过程中的一种比较常见的现象。"③ 从理论上来说，语言转用必然要经过双语阶段，但在三家子村，由双语阶段到语言转用的变化体现在同一时间段的两代人身上，进一步预示了满语可能会在较短时间内迅速衰退的前景。

当然，60 年代初的满语使用情况并不能代表 60 年代至 80 年代中期这一阶段的整体状况，在此期间，三家子村的满语使用情况也在不断地变化。基于两个方面的考虑，本小节对 70 年代至 80 年代中期的情况不做论述。一方面是无法论述，因为缺少这一阶段的相关的调查资料，本着科学求实的态度，不敢妄下结论，以免引起误解，甚至造成讹误互传的现象；另一方面，这一阶段三家子村在社会结构、经济形态等对语言使用产生巨

① 金启孮：《满族的历史与生活——三家子屯调查报告》，黑龙江人民出版社 1981 年版，第 51 页。

② 戴庆厦、王远新：《论我国民族的语言转用问题》，载《语文建设》1987 年第 4 期。

③ 何俊芳：《中国少数民族双语研究：历史与现实》，中央民族大学出版社 1998 年版，第 174 页。

大影响的诸因素方面并没有发生根本性的变化，因此可以将其视为整体进行研究，这也是笔者划分阶段的一个重要依据。此外，通过对80年代中期的情况进行分析，仍可窥视这一阶段的发展演变概况，因而不会对三家子村满语使用的发展轨迹的分析和了解造成太大影响。

（二）1986年的情况

自60年代对三家子村的首次调查成果发表后，国内外学术界开始关注这一地区，并不断有学者前来调查研究。特别是从80年代中期开始，调查的频率明显上升，而且调查的深度也有所增加，研究的内容也更加深入。1986年黑龙江省满语研究所刘景宪、黄锡惠与中央民族大学季永海的调查较全面地反映了当时三家子村的满语使用情况。①

当时全村共有229户，人口1000余，其中满族121户，满族人口约占一半。"三家子村中除几位老年妇女能听懂汉语而不能讲外，大部分老年人、中年人及部分青年人能用满汉两种语言交流，约占满族人口的百分之六十以上。由于满族内部主要用满语交流，大部分青年和一些儿童能够听懂满语，有的还能讲一些。"② 三家子村500余名满族居民按满语掌握程度大致可分为五个层次，现用表格列举如下。

表2-3　1986年满族居民满语程度统计表

满语掌握程度	说得好	基本能会话	能听但说不好	能部分听懂	基本听不懂
人数	80余人	150余人	150余人	20余人	80余人

文中特别指出，"第四、第五层次主要是15岁以下青少年和儿童"，

---

① 1986年的情况主要参考季永海、白立元的《三家子村满语和汉语的关系》（载中央民族学院学报1990年增刊《汉语与少数民族语言研究》），除直接引用外，不再单独注明。

② 季永海、白立元：《三家子村满语和汉语的关系》，载《中央民族学院学报》1990年增刊。

而对前三个层次的年龄没有明确说明。但在后文中提到，"60 岁以上的老人满语水平最好。四五十岁的人大都能讲满语，少数人能听懂，只能讲一些眼前的话，进行较深的交谈就不能了。30 岁左右的人能讲满语的约占三分之一，多数人能听。30 岁以下的人有的能听懂满语，甚至能用满语讲故事，但平时不讲满语，多数人能听懂一些日常用语。至于儿童能听懂一些简单满语的，是少数，大多数听不大懂。"① 由此分析推测，第一层次应是50 岁或 55 岁以上的老人，第二层次应是 30 岁至 50 岁的中年人，第三层次则是 15 岁至 30 岁的青年人。

从以上数据可以看出，虽然 1961 年与 1986 年相隔 25 年，但三家子村的满语使用情况仍然具有某些共同特征：第一，不同年龄段使用满语的相对程度一致。即老年人的满语水平最高，说得最好；中年人次之，基本能对话；青年居中，能听但说不好；（青）少年则最差，基本听不懂。这也反映出年龄与满语使用程度的正比例关系。第二，不同满语使用程度的人数占总人数的比例大体相同。在此有两点需要说明：一个是两个年代的总人数有所变化，1961 年是 355 人，而 1986 年是 500 余人，相差 150 人左右；另一个是年龄划分的界限有所不同，主要体现在中年和青少年之间。金启孮先生将中年和少年定为 20 岁到 50 岁和 20 岁以下，而季永海先生则是将其分为四个层次、三个年龄段，最后一个年龄段在 15 岁以下。根据当时情况分析，金启孮先生所说的"十几岁的少年在家说满语的，约占全屯的三分之一"，年龄应是在 15 岁至 20 岁之间，所以按季永海先生的划分就应归入第三层次。这样可以看出在 1961 年和 1986 年，满语使用程度的相对比例数是一致的，即：使用程度最好的人数比例最少，约为 16%；使用程度最不好的人数比例次之，约为 26%；使用程度居中的人数所占比例最高，约为 58%。

这两个共同特征说明，在这 25 年间，三家子村满语使用情况的弱化是

---

① 季永海、白立元：《三家子村满语和汉语的关系》，载《中央民族学院学报》1990 年增刊。

缓慢的，表现在总体规模上没有大的变化，在不同程度上使用满语的人数比例能够达到三分之二以上；使用满语的群体的结构没有根本性的变化，依然是老年、中年、青少年；不同满语使用程度的人数占总人数的比例基本没有变化。

但是，通过对比，我们仍能看出在这 25 年之间满语使用情况变化的一些明显特征：

其一，整体满语水平的下降。这一点表现在每一个年龄段之中。在老年段中，1961 年的情况是"满语讲得好，但汉话较笨，有人有时还听不懂汉语"，而在 1986 年，"除几位老年妇女能听懂汉语而不能讲外，大部分老年人、中年人及部分青年人能用满汉两种语言交流"。这几位妇女在 1961 年就应该是 50 岁以上的老人，因为当时中年人（20 岁到 50 岁）都已能熟练使用满语、汉语，这 25 年间汉语的使用程度又呈上升趋势，所以 25 年后不可能不会讲汉语。这里的"大部分老年人"在 1961 年应属于中年段，当时的满语程度就不如老年人，而经过这 25 年双语阶段，其满语水平只能是维持，甚至略低于从前。在中年段中，满语水平下降表现得比较明显，由"满语熟练"变为"基本能会话"和"能听但说不好"。而在青少年中则更为明显，由"儿童特别是三四岁的儿童只能听懂满语，却不能说了"发展为"能部分听懂"和"基本听不懂"。

其二，随着年龄的增长，满语使用水平相应下降。这不仅表现为如前所述的整体水平的下降，而且表现为随着年龄特征的变化，如从中年段变为老年段，从青少年段变为中年段，满语水平自然要低于 25 年前同年龄段的水平。三家子村满语在交际功能上的退化也就成为必然。

其三，中青年人的满语使用程度呈现分化的趋势。这也许是两次调查对满语程度划分层次有所区别的一个原因。在中年人中，已不是所有人都能完全熟练地说满语，而是有的基本能会话，有的只能听却说不好。在青少年中，不仅都不能说，而且听的程度也不尽相同，有的能听懂部分，有的一点也听不懂。说明满语使用群体已不再稳定如前，初现分解迹象。

其四，在中年人中出现语言转用现象，而青少年已完成语言转用。中年人已不再完全使用双语交流，约有一半人（150 余人）能听但说不好满语，已经开始弃用自己的母语而转用汉语。他们的语言观念有了进一步的变化，对自己的母语不再留恋，逐渐由双语向单一汉语过渡。青少年（15岁以下）则已经完全不说满语了，能部分听懂的也已为数不多，只有 20余人，另外 80 余人基本听不懂，彻底完成了语言转用，成为单一的汉语使用者。这表明，满汉双语"对峙"的局面已被打破，汉语成为强势语言，而满语沦为弱势语言。

其五，满语使用范围急剧缩小，但仍在一定范围内作为交际语言使用。满语在三家子村已呈濒危迹象，尽管三家子村的满族老人都有较强的民族感情，不肯放弃自己的母语，在进行交流时仍使用满语，但中年人特别是青少年对满语的观念发生了转变，更多地使用汉语交流，老人对他们子女的这种态度也已经予以认可，认识到"学习满语已用处不大了，不如学习汉语"①。虽然如此，满语仍有一定的使用范围，交际功能还没有完全丧失。除了在家里使用外，在一定场合，为了保密，满族人之间往往讲满语。"满族老人见面必讲满语。会讲满语的中青年人见了满族老人，为了表示尊敬，一般也用满语交谈。"② 濒危语言③一般具有如下特征：语言使用人数减少，语言使用者的平均年龄升高，语言的使用范围缩小，语言的结构系统退化。④ 三家子村的满语已基本具备了这些特征，只是在程度上还不太明显。

通过对比可以看出，在 1961 年到 1986 年这一阶段中，三家子村满语是以较缓慢的速度退化，但濒危的趋势已经显现出来。

---

① 季永海、白立元：《三家子村满语和汉语的关系》，载《中央民族学院学报》1990 年增刊。

② 季永海、白立元：《三家子村满语和汉语的关系》，载《中央民族学院学报》1990 年增刊。

③ 谈及濒危语言通常是指一种语言而不是某种语言的一种方言，但考虑到三家子村满语是满语仅存的一种方言，同时为了说明它所处的濒危状态，故在此借用"濒危语言"这一概念。

④ 徐世璇：《濒危语言研究》，中央民族大学出版社 2001 年版，第 88 页。

（三）1997 年的情况

1997 年 12 月，黑龙江省满语研究所刘景宪、吴宝柱、蒋理对三家子村满语使用情况进行了考察。在当时，三家子村无论在人口构成上还是满语的使用上都较从前发生了变化。全村共有 280 户，1016 人，现将当时的基本情况分别以表格形式表述如下。①

表 2-4　1997 年三家子村人口分布统计表

民族	满族	汉族	达斡尔族	鄂伦春族	蒙古族	柯尔克孜族
户数	137	127	14	1	1	
人口数	444	464	87	11	6	4

表 2-5　1997 年三家子村满族居民满语掌握程度统计表

类别	A	B	C	D	E	F
人数	320	2	35	44	16	27
百分比%	72.072	0.45	7.882	9.9	3.6	6.081

调查组将满语掌握程度分为六类，分别是：

A 类：基本不懂满语，或只记住一点有限的满语词汇。

B 类：能听懂一点满语，但不会说。

C 类：能听懂一些满语，也会说一点满语。

D 类：能听懂一些满语，也会说一些满语。

---

① 1997 年的情况主要参考刘景宪、吴宝柱、蒋理的《抢救满语 迫在眉睫——三家子满族村满语现状调查报告》（《满语研究》1997 年第 2 期）。

E 类：满语会话全能听懂，会说大部分满语。

F 类：满语说得很流利。

在这 11 年之间，三家子村的满语使用情况发生了巨大的变化，反映出满语在当地已经处于濒危状态，具体表现为：

其一，整体满语水平大幅度下降，下降的幅度要远远高于 1961 年到 1986 年间的幅度。绝大多数人（320 人）已"基本不懂满语，或只记住一点有限的满语词汇"，还有一部分人（81 人，包括 B、C、D 三类）的满语程度也已经非常低了，甚至都不能完全听懂，只能听懂一些或一点，与 1986 年的"能听但说不好"和"能部分听懂"相差很多。我们可以推断，这里所提到的 F 类"满语说得很流利"其实应该是一个相对概念，即由于作为参照的其他绝大多数人都说得不好，只要比这些人说得好一些，就会使人感到他们已经说得很好了。

其二，满语掌握程度不同的人数比例发生了明显的变化。用表格表示如下。

表 2 - 6　不同时期满语掌握程度占总人数比例对照表

单位：%

时间	最好	中等	最差
1961 年	16	48	36
1986 年	16	60	24
1997 年	6	21	72

需要注意的是，由于不同时期满语掌握程度的衡量标准是有差异的，1987 年最好的也很难比得上 1961 年最好的，所以本表所显示的只是在同一时间里的相对程度。1986 年的"中等"是根据表 2 - 3 中的第二、第三层次数据计算的，"最差"是根据第四、第五层次算出的。而且 1986 年的统计数据本身就不够精确，所以这里的比例数可能也会有一些误差，但对

整体情况不会有太大影响。

从表 2−6 中可以看出，一方面，不同满语掌握程度的占比情况发生了变化，最好的下降了十个百分点，只有 6%，中等水平下降了一半以上，为 21%，而最差的高达 72%。另一方面，不同比例的相对位次发生了变化，1961 年和 1986 年不同满语掌握程度占总数比例由高到低的是中等、最差、最好，而 1997 年则是最差、中等、最好。这些变化说明，满语水平较好的人数急剧下降，满语已不再是多数人使用的语言，其原有的主体位置已被汉语所取代。而且，由于绝大多数人（占 72%）已不能使用满语，满语使用群体已经不复存在。

其三，三家子村基本上完成了由满汉双语到单一汉语的语言转用，满语已不再具有交际功能。尽管仍有 43 人（F 类和 E 类）尚能进行满语对话，但在全村 444 名满族人中只占不到 10%，而在全村的 1016 人当中只占 4%。因此，即使他们用满语对话，也只能在十分有限的范围内，经常发生的对话场所可能只在那些至少有两名满语说得好的人的家庭中。进而可以看出，受到社会环境变化，以及对外交流与经济发展需要的影响，满族居民已从观念上放弃了满语。

其四，上述变化是在 1986 年至 1997 年的 11 年间发生的，较之 1961 年至 1986 年的 25 年，缩短了一半以上的时间，但在整体满语水平、使用人数、使用范围等方面下降和缩减的幅度都要高于前一时间段，说明在此期间，满语的退化是以加速度进行的。

（四）2002 年的情况

2002 年 7 月，黑龙江大学满族语言文化研究中心的赵阿平、郭孟秀、唐戈对三家子村的满语使用状况进行了调查。当时三家子村户籍登记人员总数为 1034 人，具体的人口分布情况见下表：[①]

[①] 2002 年的情况主要参考赵阿平、郭孟秀、唐戈的《满−通古斯语族语言文化抢救调查——富裕县三家子满族语言文化调查报告》（《满语研究》2002 年第 2 期），另外还有一些情况是笔者在调查时所了解到的。

表2-7 2002年三家子村人口分布统计表

民族	满	汉	达斡尔	鄂伦春	朝鲜	蒙古	柯尔克孜
人口数	442	472	99	10	6	3	2
占总人口比例%	42.7	45.6	9.6	1	0.6	0.3	0.2

　　从各民族的人口数来看，人口比例与1997年刘景宪等人调查时的情况相比变化不大，满族、汉族人口占全村总人口的88.3%。对全村的满语会话程度进行了全面而具体的调查后发现，满族人口中能够在不同程度上使用满语的有186人，只占满族人口总数（442人）的42%，约占全村总人口的18%。将其按不同掌握程度划分为五类，具体情况见表2-8：

　　A类：能非常流利地说满语。

　　B类：能听懂全部，会说大部分满语。

　　C类：能听懂大部分，会说一部分满语。

　　D类：能听懂一部分，会说几句满语。

　　E类：能听懂几句，不会说满语。

表2-8 2002年三家子村满族居民满语掌握程度统计表

类别	A	B	C	D	E
人数	3	15	48	101	19
比例/%	1.6	8.1	25.8	54.3	10.2
占满族总人数比例/%	0.7	3.4	10.9	22.9	4.3

　　通过将上述数据与1997年的调查资料进行对比分析，可以看出在这5

年间三家子村满语使用情况的一些变化。

第一，满语使用情况在 1997 年的基础上进一步恶化。随着老年人群体的自然减员，能较好使用满语的人数由 43 人下降到 18 人（前两类）。能听懂一部分并能说一部分的人数似乎没有太大变化，分别为 60 人和 63 人，2002 年还比 1997 年多了 3 人。但实际上满语的使用水平却是下降了，因为"一部分"的概念本身就不够精确，此时的"一部分"已不是 1997 年的一部分，这一点在调查时就已发现。被列为 C 类的人，只能说最简单的日常用语的一部分。加上长时间的不经常使用，满语整体水平下降是不可避免的。

第二，从程度分类表中看，具有使用满语能力的有 A、B、C 三类，至少能够听懂大部分，并会说一部分，但具有某种语言使用能力并不等同于在现实生活中就使用这种语言。在调查中发现，实际上真正能够用满语交际的只有 A、B 两类，不到 20 人，而他们在用满语交际时也显得很吃力——简单的日常话说得较流利，稍微复杂一点的句子，有的需要想一想才能说，有的需要几个人互相提示才能说，而有的就干脆"翻"不出来了。说明他们平时已经很少使用满语了，满语的使用情境已不复存在，甚至可以说满语在这里只存在于一些人的脑海中，而在现实生活中已经消失了。

第三，满族居民的满语观念有所增强。在调查时发现，许多满族居民对满语抱有极大的热情，都以能"翻满洲话"为荣，还有一位 20 岁的年轻人正在跟他奶奶学习满语。这种情况的出现主要有两方面原因：一是随着中国经济的发展，人民生活水平日益提高，对精神生活的追求也在不断提高，表现为渴望了解本民族语言与文化的相关知识。这种社会氛围在一定程度上激发了三家子村的满族居民对满语的热情。二是随着近年来满学、满语研究的不断升温，加上全国范围内旅游经济与民族文化开发的热潮，不断有国内外学者及社会各界人士前来考察、游玩，使村民们越来越感觉到满语的重要性。然而，尽管满语观念有所增强，但由于满语生存的条件已经不具备了，后学的满语是否是三家子村满语的原貌也是个疑问。

通过对上述四个时间点的情况进行介绍和分析，基本上能够看出三家子村满语使用情况的演变轨迹，现归纳总结如下表：

表 2-9　三家子村满语使用演变概况表

时间	总体程度	观念	使用群体	使用人数	使用范围
1961 年	最好	较强烈	完整，老中青少各年龄段都有	绝大多数人	在所有范围内
1986 年	较好	老年人较强	中年人中出现分化，青少年数量锐减	大约一半人	主要在家庭里
1997 年	一般	普遍淡化	作为一个语言群体①已不存在了	一少部分人	在少数家庭里
2002 年	较差	有所增强		无	无

　　通过对比可以看出，1961 年至 1986 年间，三家子村整体的满语水平有所下降，但仍有部分人在使用，变化相对不大，满语仍具有一定的交际功能；1986 年至 1997 年之间变化最大，不仅满语水平下降，而且只有少数人在少数场合使用，满语作为一种交际工具已经退出了历史舞台；1997年至 2002 年，由于满语已经无人使用了，所以这一阶段的变化只能体现在满语水平的进一步下降上。

　　2005 年 8 月，笔者再次来到三家子村，并对当地的满语使用情况进行了调查，基本上与 2002 年相同。

---

　　①　本文所用的语言群体是指使用相同语言的群体，而不是语言学中所指的有历史亲缘关系的一组语言。

第三章

东北地区满族的物质文化

入关后，满族物质文化的变迁具有明显的地域性差异。进入京畿地区的满族逐渐脱离了原有的生存环境，生活方式也发生了转变，特别是经过大范围、多层面的与汉民族的接触与交往后，其物质文化的变迁较为明显。而居住在东北地区的满族，因生活环境与生计方式没有发生大的变化，且因地处偏僻而受其他民族文化影响较小，从而得以较完整地保留了本民族的传统文化风俗。

　　顺治元年（1644 年）四月，摄政王多尔衮在吴三桂的帮助下，率清军攻入山海关，与农民起义军激战获胜，五月进入北京城，十月顺治帝从盛京迁都北京，从此开启了满族崭新的历史时期。在随后的几年中，清军东征西讨，逐渐结束了明末以来的纷乱局面，社会日趋稳定。入关后，满族的身份发生了巨大变化，由最初偏居一隅的少数民族，转变为君临全国的统治民族。与此同时，从民族关系的角度而言，满族开始了大范围、多层面的与占全国人口绝大多数的汉民族的接触。满族社会地位的改变、生计方式的改变以及生存环境的变化，导致了满族文化的迅速变迁。就物质文化而言，无论是反映其日常生活的衣、食、住、行，还是代表其经济生活的生产方式与技术文化，都呈现出新的特征。

第一节　生产方式的变迁

入关前女真（满族）人多种经济形式并存，既有游牧经济、渔猎经济，也有农业经济和部分手工业经济。在迅速变迁的过程中，"其社会经济由牧、猎、采为主，兼资农业的发展阶段，过渡到以农业经济为主，兼资牧、猎、采经济的发展阶段"①。入关后，特别是在基本统一全国、社会日趋稳定以后，满族的经济生产方式发生了进一步变化，主要表现为农业经济成为满族最为稳定与核心的经济形式；牧业在初期仍有所发展，但至乾隆后呈下降趋势，并逐渐退出其经济体系；狩猎已不作为经济形式而存在；捕鱼与采集仍然在一定范围内存在与发展；手工业与商业有所发展，但并没有成为主要的经济形式。生产方式整体上进一步趋同于汉民族的以农业经济为主的形式。

满族旗地是其特有的土地制度，天命六年（1621 年）三月，努尔哈赤攻占沈阳、辽阳，进而占据整个辽东地区。为解决迁入辽沈地区的八旗兵丁的生计问题，他于七月十四日颁布"计丁授田"令②，授田对象主要为八旗贵族和八旗官兵，是为旗地产生之始，其范围均在东北地区。入关前满族旗地主要有两种形式，一种是一般兵丁所分得的份地，一种是八旗各级官员拥有的庄园。在份地上耕作的主要是余丁和兵丁的家人，兵丁只有在无战事时偶尔参加生产活动。庄园的耕作者则主要是奴隶身份的汉族人与朝鲜族人。旗地收入是当时满族经济来源的一部分，但不是全部，还有相当一部分是靠战争俘获与掠夺所得，这一点在许多入关前的史料中都有所记载。满族入关后，大部分八旗官兵驻防于北京及近畿地区，旗地在此得到进一步扩充。自顺治元年（1644 年）开始至康熙朝中期，有两次大的

---

① 滕绍箴、滕瑶：《满族游牧经济》，经济管理出版社 2001 年版，第 104 页。
② 王钟翰：《满文老档中计丁授田商榷》，见中国社会科学院民族研究所民族历史研究室编：《民族史论丛第 1 辑》，中华书局 1987 年版，第 39 页。

圈地高潮①。耕种土地的扩大为满族农业经济发展提供了坚实的基础。随着社会的稳定与全国的统一，战事大为减少，尽管仍有大量的"投充"汉族人从事农业生产，但越来越多的满族人也逐渐加入其中。与此同时，进入关内后满族的生存环境发生了巨大变化，由适宜狩猎、采集的山林地区迁居到适宜耕种的农业地区，客观上为农业经济的发展提供了条件，旗地收入已成为他们主要的经济来源。

女真（满族）的牧业特别是牧马业，在其发展壮大过程中一直占有重要地位，也是满族经济的一大特色，在入关前满族的牧业就已达到了相当的规模。入关后由于开展牧业的环境发生了较大变化，满族统治者开始调整牧政，使牧业在较长时期内（至清中期）得到了不断的发展。首先是在北京设立马厩、牛圈和羊圈。顺治年间在丰台设立六羊圈；康熙年间在南苑设立六厩，饲养御马；康熙年间设有内外三牛圈。羊圈与牛圈的设立主要是为了向宫廷供应饮食用品。② 其次是在京畿地区划定各王公及八旗牧场。顺治二年（1645年）便开始专设亲王、郡王牧场，在顺治十一年和十二年（1654年和1655年）还对牧场的具体规模做出了规定。③ 此外，京畿八旗牧场也有较大规模，分上三旗牧场与下五旗牧场，以牧养军马为主，至康熙晚年数量已经非常可观。④ 复次，驻防八旗亦设有规模不等的牧场。清朝政府为加强对全国各地的统治，陆续在许多重要地方设立驻防八旗，其兵种主要是骑兵，因而在每个驻防地点均置有马场。如顺治五年（1648年）设立的盛京八旗牧场，康熙二十一年（1682年）设立的广州八旗牧场，雍正三年（1725年）设立的宁夏八旗牧场等。清前期的牧场不仅设置完善，而且还有较完备的管理制度，包括对牧场管理人员的奖惩制度，因此当时八旗牧业取得了良好的经济效益，"主要表现在军需、农耕、祭祀、礼宴、毛皮、乳品、变价、巡幸和征调等诸种社会需求方面"⑤。畜

① 赵令志：《清前期八旗土地制度研究》，民族出版社2001年版，第107页。
② 滕绍箴、滕瑶：《满族游牧经济》，经济管理出版社2001年版，第139—141页。
③ 滕绍箴、滕瑶：《满族游牧经济》，经济管理出版社2001年版，第143页。
④ 滕绍箴、滕瑶：《满族游牧经济》，经济管理出版社2001年版，第145、146页。
⑤ 滕绍箴、滕瑶：《满族游牧经济》，经济管理出版社2001年版，第189、190页。

养的动物除了马以外还有牛、羊和骆驼等牲畜，其中牛还用于农业生产。清代牧业经济自清朝中叶开始衰落，主要表现为牧养牲畜数量的下降，特别是马匹，因战事不多而数量锐减，致使许多牧场空闲起来。至嘉庆帝时不得不下令"饬令八旗王公以及闲散宗室将所分马厂地亩，现在不牧放，情愿开垦者自行呈报"①，开始了牧场变农田的时代。由于牧业经济的收入远不如农业经济，无法解决相关八旗人员的生计问题，而政府财政在清中期以后开始下滑，难以承担巨大的补贴负担，所以代表满族传统经济形式的牧业逐渐衰退下来。至清朝末年，特别是咸丰、同治、光绪三朝，内外交困，政府开始清丈牧场，开源救急。各地牧场规模不断缩小，最后经清丈而改作他用，或为城市，或为村庄，或为耕地。如盛京养息牧场，光绪二十四年（1898 年）开始放丈，至光绪二十八年（1902 年），在清丈之后取消牧场而在原地设立彰武县。

狩猎经济是明代女真的传统经济形式，甚至有的部落"不事耕稼，以渔猎为业"②。随着女真的南迁与农业经济的不断发展，则出现了"虽好山猎，率皆鲜食"③ 和"屋居耕食，不专射猎"④ 的局面。狩猎在当时主要是为了获取生活必需品，同时兼有军事训练的功效。满族入关后，由于大多数八旗官兵"从龙入关"，生活环境有所改变，渔猎经济在整个经济体系中的地位逐渐下降，成为一种集政治、娱乐与休闲为一体的综合性行为。清朝在热河承德避暑山庄的"木兰行围制度"，常常是与蒙古王公等其他民族首领一起，具有政治朝会之意。但狩猎作为一种军事训练的手段却在较长的时期内仍然保存，顺治亲政后曾强调说："我朝之定天下，皆弓矢之力也，曩者每岁出猎二三次，练习骑射，今朕躬亲政事……日无暇晷，心常念兹不忘也。"⑤

---

① 滕绍箴、滕瑶：《满族游牧经济》，经济管理出版社 2001 年版，第 206 页。

② 《朝鲜李朝实录·太宗》，卷 19，见滕绍箴、滕瑶：《满族游牧经济》，经济管理出版社 2001 年版，第 54 页。

③ 《朝鲜李朝实录·成宗》，卷 255，见滕绍箴、滕瑶：《满族游牧经济》，经济管理出版社 2001 年版，第 56 页。

④ 张博泉：《东北地方史稿》，吉林大学出版社 1985 年版，第 375 页。

⑤ 王先谦：《东华录》，见郑天挺主编：《清史》（上编），天津人民出版社 2011 年版，第 164 页。

渔猎、采集一直是女真（满族）的重要经济形式。入关后，清代在今吉林地方设置打牲乌拉总管衙门，也称"布特哈乌拉"，直接归清廷内务府管辖，负责皇室贡品的采捕、储藏、运送及呈进等事宜。乾隆十三年（1748 年），吉林将军接管其采珠、捕鱼和拣送官员三事，开始对这一机构实行中央和地方相结合的管理方式。"采珠与捕鱼，是打牲乌拉牲丁最主要的两项活动。"① 采珠主要是采东珠，用于皇室佩戴饰品，其他采集的物品还有人参、松子、蜂蜜等林区特产；捕鱼主要是在东北的江河地区开展，如松花江、嫩江、黑龙江、乌苏里江等。在清朝康熙中期，在松花江和黑龙江已能捕到大小不等的多种鱼类，其中最著名的是作为贡品的鲟鳇鱼。捕鱼用的工具已经是帆船，而不是原来划桨的棱船。② 渔猎、采集是存在时间较长的满族传统经济形式，直到清朝晚期，才随着农业经济的进一步扩大而逐渐衰退。

手工业与商业是明代女真随着社会发展而后生的经济形式，在清入关前一直在有限的范围内开展，商业活动受到朝廷的约束与限制，只能在固定的地点（如开设的马市）及固定的时间里进行，手工业与中原地区相比也明显落后。清入关后，"满族的手工业特点是与农业相结合的家庭手工业"③。手工业的生产范围较之以往更为扩大，但并未形成一种民族产业，其生产多在农闲季节进行，有磨坊、油坊、粉坊、酿酒坊等。由于受到八旗制度的约束，满族真正从事手工业的人数也十分有限。八旗中的手工业主要是为军事服务，此外还有部分工匠承担宫廷生活需要的相关手工业产品的加工工作。至清朝晚期，随着满族内部阶层的分化，出现了糊棚工、木工、糕点师等小手工业者，但数量不大。后金时期满族商业几乎都由贵族垄断，入关后这种形势也没有太大改变，强卖强买现象时有发生。"清代王公大臣多是凭借政治经济特权，插足人参、开矿、贩盐、典当等特殊

---

① 张璇如等：《北方民族渔猎经济文化研究》，吉林人民出版社 2005 年版，第 368 页。
② 张佳生主编：《中国满族通论》，辽宁民族出版社 2005 年版，第 462—464 页。
③ 张佳生主编：《中国满族通论》，辽宁民族出版社 2005 年版，第 474 页。

行业"①，致使几代帝王不得不下令加以限制并对相关人员进行处置，顺治年间便禁止各庄头入市强买。康熙十八年（1679年），有大臣遵旨议定："包衣下人、王公大臣家人，领赀本霸占关津生理，倚势欺凌者，在原犯事处立斩示众。"②。雍正三年（1725年），皇帝对部分官员参与人参买卖问题进行了谴责："稍有能干者，俱于人参内谋利，官员等亦不以公务为事。"并革退将军等职。③ 这种政策虽然规范了商业运行，但也在一定程度上限制了满族商业的发展，因为在当时八旗制度的管理之下，一般披甲是没有条件从事商业活动的。也正是由于满族的社会制度，以及政府的种种限制条件，致使满族入关后的商业经济没能发展成民族的新型产业形式。相反，无论是在当时商业比较发达的盛京、营口，或是其他地方，商业与贸易的实权几乎大多掌握在来自山东、山西、河北以及东南沿海的广东、福建、浙江等地的非满族商人的手中。④

综上所述，清入关后，满族生产方式的变迁呈现出地域发展的不平衡性。从总体上看，满族原有的特色产业——牧业、渔猎、采集，均在得到一定的发展后逐步走向衰退；在入关前便已发展为主要经济形式的农业得到了前所未有的发展；手工业与商业并没有真正进入其经济体系之中。这与其所处地域环境的改变以及成为统治民族后社会身份的转变不无关系。

第二节 服饰、饮食、交通文化的变迁

入关后，满族的物质文化变迁具有明显的地域性差异，进入京畿地区的满族受汉文化影响较大，其物质文化变迁的速度快于仍然居住在东北地区的满族。后者保留满族文化的成分更多、持续时间更久。从文化模式层

---

① 李燕光、关捷主编：《满族通史（修订版）》，辽宁民族出版社2003年版，第400页。

② 《清圣祖实录》卷22，见李燕光、关捷主编：《满族通史（修订版）》，辽宁民族出版社2003年版，第399页。

③ 《清世宗实录》卷31，见李燕光、关捷主编：《满族通史（修订版）》，辽宁民族出版社2003年版，第400页。

④ 张佳生主编：《中国满族通论》，辽宁民族出版社2005年版，第963页。

面来看，在清入关后，满族主体逐渐脱离了原有的生存环境，生活方式也发生了较大改变，特别是经过大范围、多层面的与汉民族的接触和交往后，其文化模式的变迁是不可避免的。有清一代居住在东北地区的满族的生活环境与生计方式都没有发生大的变化，加之清政府的"封禁"政策，使得原本就生活在比较偏僻闭塞地区的居民更难以与其他民族文化进行接触、交流，从而得以较完整地保留了本民族的传统文化风俗。

一、服饰文化

明代中叶以前，女真的服饰并无一定章法，自后金进入辽沈地区后，由努尔哈赤草创、皇太极逐步完善的满族服饰制度才得以确立。皇太极在接受汉臣建议后逐渐改变了过去"上下同服"的格局，但他仍然坚持"服制者，立国之经。嗣后凡出师、田猎，许服便服，其余悉令遵照国初定制，仍服朝衣，并欲使后世子孙勿轻变弃祖制"①。因此，尽管当时的服饰已经吸收了部分汉文化元素，但仍具有十分明显的满族特征。入关后，满族服饰文化依然保有浓厚的民族特色。这一点无论在满族上层王公贵族还是平民百姓的服饰中都可以得到证明。顺治二年（1645 年），朝廷定百官冠制，明确不同品级官员的朝冠区别，基本沿用了皇太极时期的规定。如规定"一、二、三品冠，皆起花金顶，上衔红宝石。四品上衔蓝宝石"②，与皇太极在崇德元年（1636 年）及三年所规定的基本一致。雍正五年（1727 年）所定的"凉帽、煖帽皆照朝冠顶用"③，实际是将皇太极时期对八家福晋的规定扩大至官员身上了。在民间，满族最为典型的服装就是旗袍。旗袍满语称"衣介"，因其为旗人特有的服装而得名。早期满族居住在高寒地区，且以射猎为业，为了便于行猎与生活的需要，无论男女均着袍服。只是后来女式袍与男式袍经过演变而逐渐区别开来。男式袍至清末

---

① 赵尔巽：《清史稿（卷一〇三）·志第七八：舆服二》，中华书局 1976 年版，第 3033 页。
② 吴振棫：《养吉斋丛录》，卷 22，北京古籍出版社 1983 年版，第 233 页。
③ 吴振棫：《养吉斋丛录》，卷 22，北京古籍出版社 1983 年版，第 233 页。

已成为大众穿着的宽松式的长衫大袍。后来的马褂、坎肩均发源于男式旗袍。女式旗袍由最初的瘦长紧身款演变为宽肥而不显露形体的样式，清中期后又演变出多种不同的袍服，如正式场合穿用的礼服袍，日常穿着的便服袍等。旗袍也受到汉族服饰的影响，缝制工艺越来越复杂，甚至大大超过汉女的袄裙，镶、滚、嵌、绣、荡、贴、盘、钉样样俱全，而且在许多正式礼服袍上均有接袖和箭袖，[1] 面料、色彩以及图案风格也日趋多样化。至清中后期，旗袍因其独特的审美魅力而在全国妇女中广泛流行起来，至今未衰，甚至影响到其他国家。此外，满族的顶戴、旗鞋、发式、首饰亦长期保持着自身的民族特色。满族传统服饰文化是满族文化中得以长期保留并不断发展的一种文化形式，有清一代曾广泛普及到汉族之中，虽然在发展过程中也不断受到汉族服饰文化的影响，但仍然较完整地保留了原有的民族风格。

二、饮食文化

明代以前满族人的饮食习惯"深受生存环境与生产力水平影响，以饲养动物、渔猎捕获动物的肉为主，以采集的山野菜及为数不多的家产品为辅，具有明显的地域性特征"[2]。明代女真各部落在烹饪技术、饮食方式、食品种类等方面都较以前有所发展。进入辽沈地区后，逐渐受到汉族饮食习惯的影响。入关后，满族饮食风俗的地域性差异仍然存在，在京畿及中原地区的满族将传统饮食风俗与其他民族主要是汉族的饮食风俗进一步结合，出现了集两种民族风格的宴席。"烧烤席，俗称满汉大席，筵席中之无上上品也。烤，以火干之也。于燕窝、鱼翅诸珍馐外，必用烧猪、烧方，皆以全体烧之。酒三巡，则进烧猪，膳夫、仆人皆衣礼服而入。膳夫奉以待，仆人解所佩之小刀脔割之，盛于器，屈一膝，献首座之专客。专

---

① 徐海燕编著：《满族服饰》，沈阳出版社 2004 年版，第 17 页。

② 郭孟秀：《入关前满族物质文化特征》，载《满语研究》2006 年第 1 期。

客起箸，籛座者始从而尝之，典至隆也。次者用烧方。方者，豚肉一方，非全体，然较之仅有烧鸭者，犹贵重也。"① 从这里可以看出，烧烤的烹饪方法遵循满族传统，而烹饪食材已不仅限于猪肉、羊肉，还有在汉族菜系里极为高档的燕窝、鱼翅。还有的宴席仍然采用满族传统的食材，但烹饪方法、形式、口味及食器却大量取用于汉族。如同治、光绪年间出现的"全羊席"，就有"蒸之，烹之，炮之，炒之，爆之，灼之，熏之，炸之"数种烹饪方法；其形式与口味也有"汤也，羹也，膏也，甜也，咸也，辣也，椒盐也"等；所盛之器"或以碗，或以盘，或以碟，无往而不见为羊也"，计有"多至七八十品，品各异味"。② 出现于清中期，至今仍享有盛誉的"满汉全席"则是满汉饮食文化最典型的代表。此外，满族传统的食肉习惯也有所改变，蔬菜素食也成了部分满族人所喜欢的菜肴。乾隆皇帝曾盛赞素食的可口——"高宗南巡，至常州，尝幸天宁寺，进午膳。主僧以素肴进，食而甘之，乃笑语主僧曰：'蔬食殊可口，胜鹿脯、熊掌万万矣。'"③ 受汉族文化的影响，满族也过一些汉族传统节日，采用其节日食俗，如腊八粥、元宵、粽子、月饼等汉族节日食材也出现在满族的餐桌上。

在满族发源地东北，特别是黑龙江地区，有清一代的满族饮食仍保留了传统的风俗。比如在满族先世聚居地宁古塔（今宁安）生活的满族人长期食用稗子米，好喝粥，不饮茶，喜食野味、山菜等，"食用时将套桌中间可自动开合的圆板取下，锅放在空当处，下有火盆加热。锅中炖满白肉、血肠、酸菜、粉条，众人围坐，从锅中夹菜而食，饮糜酒，食糊米粥"④，均为满族饮食传统。当然，也有的地区在一定程度上受到汉族文化的影响，据嘉庆十一年（1806 年）来黑龙江的西清记载："满洲宴客，旧尚手把肉或全羊，近日沾染汉习，亦盛设肴馔，然其款式不及内地，味亦迥别，庖人之艺不精也。"⑤ 东北地区的满族一直保持其传统的饮食风俗，

① 徐珂：《清稗类抄第 47 册饮食·上》，商务印书馆 1918 年版，第 46 页。
② 徐珂：《清稗类抄第 47 册饮食·上》，商务印书馆 1918 年版，第 47 页。
③ 徐珂：《清稗类抄第 47 册饮食·上》，商务印书馆 1918 年版，第 34 页。
④ 张佳生主编：《中国满族通论》，辽宁民族出版社 2005 年版，第 191 页。
⑤ 西清：《黑龙江外记》，见邓天红：《流人学概论》，黑龙江大学出版社 2014 年版，第 369 页。

并在接受了部分汉族饮食文化因素后逐步形成了独具特色的东北菜，如至今仍然颇受欢迎的杀猪菜、涮火锅等，都带有明显的满族传统饮食风俗印迹。

三、交通文化的变迁

明代女真人为适应其生存的自然环境，将畜养的马匹作为主要交通工具，并且发明制作了适应冰雪地面的"法喇"、木马等独特的交通工具，同时辅以牛、车等其他交通运输工具。水上交通工具主要是独木舟，称作"威呼"。清入关后，居住在东北地区的满族基本沿用了传统的交通工具，这与其生产、生活方式以及生存环境有着直接的关系。东北地区的满族，特别是在林区附近的满族，在很长时期内仍将采集、狩猎作为主要的生产方式和生活来源，马依然是他们出行、狩猎的主要交通工具。因为东北地区冬季气候寒冷，降雪量较大，其他交通工具不适合出行。而在沿江沿河地区的满族则以渔猎为主要生产方式，水上交通工具由原来相对简易的独木舟发展为较先进的帆船。

进入京畿地区的满族八旗官兵以及王公大臣则逐渐由以马为主要交通工具向使用车、轿、肩舆等汉族交通工具转变。"国家旧制，满汉文武大臣，朝会皆骑马，不乘轿。顺治九年，始许公、侯、伯、都、统、尚书、内大臣、大学士及汉文官三品以上，于皇城外坐四人煖轿。"[1] 康熙元年（1662年），坐轿的范围进一步放宽，准镇国、辅国将军，护军统领等均可乘轿，后又停止。至乾隆十五年（1750年），明确满汉学士、左副都御使、銮仪使、通政使、大理卿可以乘轿，还规定："文大臣年及六旬不能乘马者，许坐轿。王公高年者亦许坐轿，余皆乘马。"[2]考虑到年高者的出行问题，清政府对满族骑马的要求也逐渐放松。至嘉庆十六年（1811年），又规定"六部侍郎年至六十者，许坐轿"。此外，不具备乘轿资格但有"足疾"的官员亦

---

① 吴振棫：《养吉斋丛录》，卷22，北京古籍出版社1983年版，第238页。
② 吴振棫：《养吉斋丛录》，卷22，北京古籍出版社1983年版，第238页。

许坐轿。但对武官的限制还是很严格，"武臣虽一品，不准坐轿"①。清中期后，车作为交通工具开始流行，因其资费较低而颇受欢迎。至道光年间，因乘轿费用较高，而"朝官多贫，有例得坐轿而仍坐车者"②。在京师的满族贵族虽然出行工具不尽一致，但总趋势却是乘马者渐少，乘车者日多。因生活环境与生活方式的改变，满族传统的"骑射"文化逐渐淡化。

第三节　东北满族传统民居的变迁

民居是一个民族重要的文化标志物。作为一种人造结构，民居原本是连接个体之间以及个体与群体之间的一种物质媒介，这些固定介质不仅使这些连接得以建立，也可促使满族群体自身的形成。以这些物质媒介作为起点，利用一种辩证法的演绎，满族人建立起自己对于社会和文化的总体观念。

当一个民族在自然界中按照自己的意愿建造安身之所后，也会依照其特有的意识在居所中进行活动。因此民居承载的不仅仅是居住的实用功能，还凝结了居所行为活动所体现的民族文化动力。在种族的所有表现中，最纯粹的表现便是居所（house）。从人们定居下来，不再满足于仅有藏身之处，而是要给自己建造一个住所的那一刻开始，这种表现便显示出来了，并在种族之"人"当中标记出了世界历史本身的人类种族，这种种族正是具有重大得多的精神意义的存在之流。居所的原始形式在各个地方都是情感和成长的产物，而绝不是知识的产物。③ 每一个民族民居的建筑样式都是该民族文化与自然产物的完美结合体。满族及其先世在东北地区繁衍生息，历经千年，逐渐形成了独特的民族文化。满族民居作为其中的一个文化现象，体现了满族的生计方式、交往习俗以及传统观念等文化特质，是了解满族文化的重要素材之一，具有重要的研究价值。

① 吴振棫：《养吉斋丛录》，卷22，北京古籍出版社1983年版，第239页。
② 吴振棫：《养吉斋丛录》，卷22，北京古籍出版社1983年版，第238页。
③ 奥斯瓦尔德·斯宾格勒：《西方的没落　第二卷·世界历史的透视》，吴琼译，上海三联书店2006年版，第106页。

在后金时期，满族就已经改变了传统的穴居居住形式，"即樵以架屋，贯绳覆以茅，列木为墙，而墐以土，必向南，迎阳也。户枢外而内不键，避风也。室必三炕，南曰主，西曰客，北曰奴……渐有牖可以临窗坐矣。渐有庑庐矣，有小室焉，下树高栅曰楼子，以贮衣皮。无栅而隘者曰哈实，以贮豆黍"①。已经出现了后来所说的"万字炕"。入关之初，进入京畿地区的八旗满族大多数直接使用城内的原有住房。顺治年间，清政府多次发布圈地令，将圈占的土地、房屋"尽行分给东来诸王、勋臣、兵丁人等"②，将原居住在北京内城的汉族官员、商人及百姓（投充八旗者除外）强行迁出。特别是在顺治五年（1648 年）八月，为减少满汉冲突，清政府再次下令，要求尚未迁出内城的汉官、汉民限时迁出："八旗投充汉人不令迁移外，凡汉官及商民人等，尽徙城南居住。"③ 所以在北京的满族民居并没有本民族的传统风格。

而东北地区的满族却仍然保留了传统民居的特点，并逐步发展为适应东北气候条件与地理环境的独具风格的民居形式："口袋房，万字炕，烟筒出在地面上。"④ 满族民居一般都是坐北朝南，一般是三间或五间，多数都在东端的南面开门，形如口袋而被称为"口袋房"。"万字炕"又称为"转圈炕""拐子炕""蔓字炕"，满语叫"土瓦"，这是满族卧室的最大特点，在入关前就存在于满族民居之中。入关后其功能又有所改变，西炕已不是睡眠场所，而被用来供奉祖宗板或祖宗匣子，是十分神圣的位置，一般不允许来客落座于此。由于这一变化，西炕的面积也越来越小。南炕与北炕的划分也十分清楚，南炕为老人用，北炕为小孩用。作为"东北三大怪"之一的"窗户纸糊在外"也是满族民居的一大特点。"窗自外糊，用

---

① 方拱乾：《绝域纪略·宫室》，见杨锡春：《满族风俗考》，黑龙江人民出版社 1988 年版，第 43、44 页。
② 《清世祖实录》卷 12，见张佳生主编：《中国满族通论》，辽宁民族出版社 2005 年版，第 75 页。
③ 李燕光、关捷主编：《满族通史（修订版）》，辽宁民族出版社 2003 年版，第 314 页。
④ 本溪满族自治县党史地方志办公室编：《本溪满族自治县志（下）》，辽宁民族出版社 2009 年版，第 852 页。

高丽纸，纸上搅盐水酥油喷之，借以御雨。"① 满族民宅院落里多置"索伦杆"，上面有斗，是满族祭天用的。斗内平时经常放些粮食、肉类喂乌鸦，这与满族传说乌鸦曾经救过老罕王努尔哈赤有关。此外，建宅所使用的建筑材料也日渐丰富，已不仅限于入关前以木材为主的形式。"墙有土筑者、垡墼者、泥堆者，垡墼最耐久。垡者，野甸泥块土草结成，坚如砖，齐齐哈尔外城垒此。又有拉哈墙，纵横架木，拧草束密挂横架上，表里涂以泥，薄而占地不大，隔室宇宜之。"② 入关后东北地区的满族民居已由单纯的休息场所发展为具有一定文化含义的生活空间，后来在"口袋房"基础上发展演变而来的"三合院""四合院"则具有某种有限的"公共领域"的意味，许多邻里、亲友会聚集在一个院落里谈天说地、交流信息。"口袋房"这种民居形式至今在黑龙江的部分满族聚居村屯仍然存在。民居作为一个民族的文化现象，能够反映出其民族的文化特质。满族传统民居的样式历经漫长的演变过程，方在清代得以最终形成。透过满族传统民居及人们在民居中进行的活动，我们可以看出满族兼具渔猎、农耕的生计方式，好客、重血亲的交往风俗以及具有萨满教特征的传统观念。

白山黑水之间的东北地区冬季气候异常干燥、寒冷，这给满族先世的日常生活带来诸多不便。如何在这样的环境中解决衣食住行等基本生活问题，对两千多年前的满族先世来说或许是个难题。满族先世的居所，历经长期复杂的演变过程，分别表现为肃慎、挹娄的地穴式，勿吉、靺鞨的半地穴式和女真的地面居，其居住形式反映了当时居住文化的特征，而每一次居住形式的演变都是一次居住文明的进步。

一、满族先世的民居

满族的先世肃慎在先秦时期就已经居住于东北地区，被称为头肃慎，

---

① 西清：《黑龙江外记》，见张佳生主编：《中国满族通论》，辽宁民族出版社 2005 年版，第 210、211 页。

② 西清：《黑龙江外记》，黑龙江人民出版社 1984 年版，第 64 页。

到了汉代，肃慎又被称为挹娄。

关于挹娄民居，《后汉书》称："挹娄，古肃慎之国也……处于山林之间，土气极寒，常为穴居，以深为贵，大家至接九梯。"① 从"至接九梯"中可以看出当时的建造水平，从"以深为贵"中可以获悉挹娄时期的等级差别，越是深的穴居，其居住者身份越加尊贵。受到当时建造技术的局限，地穴是挹娄人在冬季首选的居住形式。《晋书·东夷传》有"肃慎氏一名挹娄，在不咸山北……夏则巢居，冬则穴处"② 的记载，因而得知挹娄人夏季以巢居的形式居住。巢居是一种在树上居住的形式，山林之间常有野兽出没，因此挹娄人夏季将住所架于树上，夜晚便可安全地躲避猛兽。肃慎、挹娄"夏则巢居，冬则穴处"的居住方式反映出满族先世原生的文化样态。由于受到自然条件的制约，满族先世的建造水平还很落后，建造住所最主要的作用是保障生存。

北魏、隋唐时期将挹娄改称为勿吉和靺鞨，其居住形式发生了一定程度的变化，史书对此做了相应的记载。《隋书》描述了靺鞨的居住情况："所居多依山水……地卑湿，筑土如堤，凿穴以居，开口向上，以梯出入。"③ 在《旧唐书》中也有相似的记述："靺鞨……无屋宇，并依山水掘地为穴，加木于上，以土覆之，状如中国之塚墓，相聚而居。夏则出随水草，冬则入处穴中。"④ 从史料中我们可以看出，靺鞨的居住形式以穴居为主，但是与肃慎和挹娄时期不同的是，此时的民居已经由全地下的地穴式渐变成半地穴式，这种半地穴式的居所在满语中称为"乌克顿"，语义为地窨子。据《御制清文鉴》记载："掘深土而建之房，谓之地窨子。亦将无窗之屋谓之地窨子。孟子称：当尧之时，下者为巢，上者为营窟。"据此我们可以了解到这种建筑形式介于全地穴和地面居之间，是一种过渡性的居住形式。

① 范晔：《后汉书·挹娄传》，见赵志忠：《满族文化概论》，中央民族大学出版社 2008 年版，第 46 页。
② 房玄龄：《晋书》，见魏国忠主编：《肃慎》，黑龙江人民出版社 2017 年版，第 68、69 页。
③ 魏征：《隋书·靺鞨传》，见魏国忠主编：《肃慎》，黑龙江人民出版社 2017 年版，第 124 页。
④ 刘昫等：《旧唐书》，见魏国忠主编：《肃慎》，黑龙江人民出版社 2017 年版，第 124 页。

辽代时，女真人被耶律阿保机迁至东北各处，分散而居，大致分为生女真、熟女真和野人女真。源自黑水靺鞨的生女真建立了金国，其居住形式与勿吉、靺鞨相比发生了很大的变化。《三朝北盟会编》关于女真时期的民居形式有着详细的记载："其俗依山谷而居，联木为栅，屋高数尺，无瓦，覆以木板，或以桦皮，或以草绸缪之。墙垣篱壁，率皆以木，门皆东向。环屋为土床，炽火其下，相与寝食起居其上，谓之炕，以取其暖。"[①] 此时女真民居的建筑水平有了很大的提高，在建筑形式上，明亮宽敞的地面居室代替了昏暗窄小的地窨子。房屋整体为木质框架，以树皮为挡墙，墙体中间还用泥和草，外加木板条以增加墙体的厚度，这样就使墙壁之中形成夹层，留出空隙起到隔绝冷空气、保存室内温度的作用。门的朝向均为东方，以便能够更好地吸纳阳光。炕是用砖垒砌而成的，其下走火，以此取暖，在辽金时代，炕依旧以土坯制成。炕的出现完全解决了满族先世的取暖问题，是满族建筑史上的重大突破。地面居基本上沿袭了地窨子地面部分的建造方式，这种建造形式对满族传统民居产生了很大的影响，甚至现代的满族民居中依旧保留了这一时期的特点。

明代的女真人不断向南迁徙，逐渐从渔猎文化过渡到农耕文化，建筑形式也发生了一些明显的改变。随着生活地域的变化，部分女真人开始与其他民族杂居，尤其是与汉族的接触，使其建筑样式受到了一定的影响。在建材方面，从单纯依靠天然的木质材料，转变为普遍使用砖瓦等烧制材料。三面墙壁均设窗户，更便于室内的通风、采光。此外，在房子的四周还围起院墙，开始使用烟囱。逐步完善的女真民居对清代满族传统民居的形成和发展产生了重要的影响。

二、满族的传统民居

16 世纪末 17 世纪初，后金政权崛起后，满族作为一个新兴的民族融合

---

① 徐梦莘：《三朝北盟会编·卷三》，见张佳生主编：《中国满族通论》，辽宁民族出版社 2005 年版，第 208 页。

了众多民族的文化，其民居的建筑技术和样式也呈现出新的特点。

明末，迁徙至东北的女真人大致可以分为三个部分：居住在黑龙江流域的野人女真，生活在松花江中游的海西女真，以及分布在长白山至鸭绿江一带的建州女真。野人女真由于地处偏远，仍以较落后的穴居为主要居住形式，海西女真和建州女真的居住状况则有了较好的改观，但仍保留辽金时期女真民居的遗风，在较简单的地面居基础上发展成为"口袋房"。

《龙江三纪》中描述了黑龙江地区的民居情况："屋皆南向，迎暄也。日斜犹照，故西必设窗。间有北牖，八月墐之，夏始启。屋无堂室，敞三楹，西南北土床相连，曰卍字炕，虚东为然薪地，西为尊，南次之，皆宾位也。"① 由此可知，清初的满族民居承袭了明代女真民居的样式，宅院中的房屋大都是坐北朝南，有的屋子设有西窗，有的房屋还会间有北牖。室内格局与女真时期相仿，依旧屋无堂室。房屋一般三楹，也有五楹的情况，"房屋大小不等……只一进，或三间五间"②。无论三间还是五间，都以最东面的房间开门，厨房设置在进门的位置，称为"外屋"，灶台与里屋的火炕相连，空其东，就南北炕头做灶。③ 燃薪时，既可烧火做饭，亦可将里屋的火炕烧热，以供房内取暖之用。屋内火炕保持明代女真万字炕的结构，以西炕为尊，供奉先祖牌位。

清朝中叶以后，满族民居保持着较为稳定的格局，随着清代经济的发展，满族与周边民族的交往日益频繁。受汉族建筑的影响，满族民居也发生了进一步演变，形成了四方形宽敞的院式住宅，在正房的基础上又增设了东西厢房，并搭建马棚。房屋外围建造院墙，砌成大门，形成四合院。正房依旧坐北朝南，屋内格局仍是清初的样式，没有太大的变化，"草屋南向者，三楹或五楹，皆以中为堂屋，西为上屋"④。取暖方式仍以万字炕

---

① 杨宾等：《龙江三纪》，黑龙江人民出版社 1985 年版，第 223 页。
② 杨宾等：《龙江三纪》，黑龙江人民出版社 1985 年版，第 247 页。
③ 杨宾等：《龙江三纪》，黑龙江人民出版社 1985 年版，第 19 页。
④ 西清：《黑龙江外记》，黑龙江人民出版社 1984 年版，第 63 页。

为主，"屋内，炕皆三面"①。满族民居在清初"口袋房"的基础上逐步过渡到独具满族特色的四合院，为满族传统民居样式的最终形成奠定了基础。

到清末民初之际，满族四合院的形式日臻完善，在保持四合院整体风格的基础上，更加注重美观与实用。如在院门入口处通常会设立一墙壁形建筑，称为影壁墙，影壁墙上画有形态各异的雕花图式。影壁墙之后竖有索伦杆，充分反映了满族宗教信仰的文化特征。在满族祭天活动中，由萨满主持仪式，众人向神杆叩头来祈祷和酬谢天神。索伦杆被满族视为神圣之物，任何人不得往杆前泼洒污水，不得踩踏、坐卧。正房两侧为东西厢房，院门附近一般还设有仓房和马厩，仓房满语音译为"哈实"。《清稗类抄》记载："有小室焉，下树高栅，曰楼子，以贮衣皮，无槛，而隘者曰哈实，以贮豆黍。"② 可见哈实就是用来存放东西的仓房。为了防止地表潮气浸入仓房之中，仓房一般在离地一米左右的高度建造，底层由几根木桩支撑，再筑成小屋。仓房多为木制，为了防雨雪还会搭有顶棚。《黑龙江外记》中记载："柱埋于地，露二尺许，造屋其上，贮不耐潮湿之物，望之如水榭者，曰楼房，仓廪类然，人家亦有，然大风有倾欹之患，故亦不多。"③

此外，清末满族民居在建筑技术上也有改进。徐宗亮的《黑龙江述略》记载了光绪年间东北民居的构造："江省木植极贱，而风力高劲，匠人制屋，先列柱木，入土三分之一，上复以草，加泥涂之，四壁皆筑以土，东西多开牖以延日，冬暖夏凉，视瓦椽为佳。"④ 可见，此时的房屋修建更加注重地基的打造。在建材方面也改变了以往单一的草和泥的材质，瓦片等也开始普遍使用。"近年多以瓦为美观，仰而不复，以水灰嵌合之，否则大风揭去。"⑤满族贵族的家宅更为豪华，虽然基本样式与平民屋舍相

---

① 英和：《卜魁纪略》，见徐宗亮等：《黑龙江述略》，黑龙江人民出版社1985年版，第122页。
② 徐珂：《清稗类抄》，中华书局1984年版，第189页。
③ 西清：《黑龙江外记》，黑龙江人民出版社1984年版，第64页。
④ 徐宗亮等：《黑龙江述略》，黑龙江人民出版社1985年版，第79页。
⑤ 徐宗亮等：《黑龙江述略》，黑龙江人民出版社1985年版，第79页。

差无几，但是院子更宽大，房屋数量更多，在建材方面也选择更加昂贵的材料。虽然满族传统民居的建造样式受到了其他民族的影响，但在整体上依旧保持了女真时期的民居风格，这与满族的生活地域和生计方式密不可分。房屋的结构以及细节之处依然不同程度地体现着满族的民风民俗，甚至在现今的东北满族建筑中依旧可以窥见这些特征。

三、民居中体现的满族生计方式

在肃慎、挹娄时期，满族先世模仿动物的居住形式来构建自己的安身之所，以"夏则巢居，冬则穴处"为主要的居住形式，但是随着建筑内部结构的不断变化，其建造水平也在逐步提升。无论是巢居还是穴居，都可以反映出满族先世以狩猎为主的生计方式。为了防止野兽的侵袭，肃慎、挹娄人冬天躲在地穴之中，夏天则将自己置于林间树上。到了女真时期，随着火炕的发明，满族民居基本上实现了地面居的形式，"联木为栅"是其地面居的特点。用木栅围成一个院子，不仅防风防雪，还可以抵御野兽的袭击。到了清代，篱笆栅的使用代替了木栅，起到了相似的作用。过去人烟稀少，地方荒凉，常有狼、狐出没咬人、吃家禽。篱笆栅可以防止野兽进入，也便于家狗看家望门。①

以渔猎为主的生产方式也可以通过一些室内设施体现出来，如熏架的使用。满族人喜欢食用烤制的食品，经常打来熊、鹿、野兔等猎物烤制而食。此外，在满族民居室内还有以猎物肢体制作的装饰品或实用物品，如将狍子腿作为窗户的挂钩。满族传统民居还彰显着农耕文化的特质，如仓房，又称苞米楼，主要是用来存放粮食，这种建筑体现了早期巢居的特点。满族夜晚室内照明用"霞绷"，俗名糠灯，多用植物油做燃料。② 这种靠近锅台为放糠灯而设计的糠灯洞子，表明满族还可以用粮食作物制作室

---

① 曹保明：《神奇的长春》，吉林大学出版社 2003 年版，第 52 页。

② 张佳生主编：《中国满族通论》，辽宁民族出版社 2005 年版，第 211 页。

内照明的工具。

受地理环境的影响，满族文化兼具渔猎和农耕两种文化类型的特质，其民居同时彰显了双重的文化内涵。满族的生计方式虽然在清末时期已经完全转变为以农耕为主，但是在传统民居中依旧存有渔猎文化的痕迹。生活方式受到地域的迁徙和外族文化的渗透往往容易改变，因为它仅仅存留于一个民族的自然属性之中，满足民族生存发展的物质基础；而直率、不受礼俗约束等民族性格特征却深深地烙印在这个民族的心灵之上，它反映的是这个民族的精神内力，不会随着生活方式的改变而全部消亡。满族传统的渔猎生计方式所表现出来的民族性格将会长久地影响这个民族的文化特质。

四、民居中体现的满族交往风俗

在中国传统社会中，居所是民间日常交往的重要场所，满族民居的空间结构能够体现出满族的日常交往风俗。东北地区一年大部分时间处在寒冷的冬季，受自然环境的影响，满族民居以火炕为主要的取暖物，因此火炕也成为人们交流的主要场所。一家人经常在炕上进行交流，客人也会被请上炕，在满族人看来，这样的待客方式会使得主人与宾客的关系更为亲密。虽然满族的炕是弯子炕，面积比较大，但是炕和整间屋子比起来在空间上还是会显得有些狭小。聚集在一个较小的空间内进行交流，会相应缩短交往的距离，在感情上也能更亲近一些。人们盘腿坐在一张炕上，围绕一个火盆取暖聊天，谈天说地，这种自由自在的、随意的交往方式充分体现了满族质朴、自然的交往习俗。

满族民居中的一些室内设施也能体现出满族家庭内部的交往方式，如悬挂幔帐。在满族的居室中，南北两炕之间设有一支幔杆子，每到夜晚睡觉之时幔帐被放下，将南北两炕隔开，俨然变成两处隐蔽的场所。有的满族人家把卧室隔为两间，北间靠炕头的叫暖阁，是为族中老人专设的，那里暖和、安静，以利老人颐养天年。① 满族家庭一般可以两代同屋居住，在夜晚悬挂幔帐一是为了抵御风寒，二是为了营造私密空间。这种别具满族特色的就寝方式体现了地域的局限性——寒冷的冬天为了节约能源，两代人甚至是三代人只能共同挤在狭小的屋内。另一方面可以看出满族人思想的开放性，这与汉族的伦常观念形成了鲜明的对比，也可以从侧面反映出狩猎民族豪放、不拘一格的性格特征。

满族民居所体现的交往风俗可以反映出满族的好客之道。满族一向注重待客的礼节，如《柳边纪略》记载："十年前行柳条边外者，率不裹粮，遇人居，直入其室，主者尽所有出享，或日暮，让南炕宿客，而自卧西北炕，马则煮豆麦、剉草饲之，客去不受一钱。"② 这段描写充分体现了满族人热情的待客之礼，可以尽所有出享，让南炕宿客，临走时不受一钱。不仅对客人以礼相待，就连客人的马匹也照顾有加，"煮豆麦、剉草饲之"。在宴请客人的时候，满族人一定会准备丰盛的佳肴，并与客人围坐炕桌把酒言欢，如《宁古塔纪略》所记："无椅凳，有炕桌，俱盘膝坐。客来，俱坐南炕，内眷不避。"③ 炕是满族民居内主要的交流场地，正是得益于空间的局限性，才造就了情感的亲近性。炕的有限空间拉近了主客之间的情感距离，减少了交往的障碍。

另外，从满族人的好客之道中也能看出一个传统狩猎民族的性格特征。群体协作在狩猎时非常重要，满族先世在打猎时经常面临死亡的威胁，猎物来之不易，因此猎友之间就有了超出一般朋友的感情。满族对朋友的理解有独到之处，刘小萌在《满族从部落到国家的发展》一书中，对"古出"（意为朋友）进行了解释。他认为，古出是明末满族社会中的一种特殊力量，并认为努尔哈赤之所以能够征服诸部，巩固汗位，作为亲信的古出集团起了重要的作用。④这里的朋友就不是简单意义上彼此有交情的人，

① 韩晓时编著：《满族民居民俗》，沈阳出版社 2004 年版，第 44 页。
② 杨宾等：《龙江三纪》，黑龙江人民出版社 1985 年版，第 90 页。
③ 杨宾等：《龙江三纪》，黑龙江人民出版社 1985 年版，第 247 页。
④ 刘小萌：《满族从部落到国家的发展》，辽宁民族出版社 2001 年版，第 128 页。

而是有着同生共死经历的患难之交，是从猎友发展而来的，被主人邀至炕桌前把酒言欢的人。

五、民居中体现的满族传统观念

满族的原始思维来自满族先世对自然的本初认识，满族先世依赖于所处的自然环境，却又不能解释这些自然现象，继而产生了畏惧心理。当万物有灵的观念产生以后，这一切难题就都迎刃而解。神灵主宰着自然世界，于是对自然的崇拜实则是对主宰自然的神灵的一种酬谢和敬奉。以西为贵、萨满占卜和铜镜辟邪等民居民俗，较明显地反映着满族萨满教的传统思想。

满族素有以西为贵，忌坐西炕的传统观念。传说在天神阿布卡赫赫身边有四位方向女神，看到人类因辨不清方向而造成生活不便，便从天上下来帮助人类确定方向，而西方女神走路最快，先到了人间，指明了西方，所以人类先敬奉她。① 满族在建造房屋之时，要先盖西边的屋子。盖房一般选在山坡的阳面，这样西北风就被山体遮挡，西屋自然可以避去风寒。满族一向有敬老的习俗，往往会把较温暖的西屋让给老人居住。为了表示对祖先的尊敬，祭祀也选择在西屋进行。西炕相对南北炕较为狭窄而且不允许人居住，只能在上面放置供奉祖先的神龛。满族卧房内沿西山墙的"顺山炕"是不允许坐人的，那里是专供摆放祭具之处，被用作祭祀祖先的地方。② 久而久之，满族以西为贵的风俗观念就被传承下来。

萨满教在满族的民居文化中发挥着重要的指导作用。满族的盖房以及迁址都不是随意行事，要专门请萨满来占卜之后才会选择吉祥的地方建造房屋。相传清朝的龙兴之地赫图阿拉就是萨满用野鸡占卜决定的地址，"萨满用羽绳把经过祭祀的野鸡的翅膀根缠上，用骨针挑开鸡冠，野鸡飞到房主预定的翅数，它落到哪里哪里便是盖房的吉地"③。盖房子时也要请

① 郭孟秀：《日常生活批判视野下的满族文化》，黑龙江大学博士学位论文，2009 年。
② 韩晓时编著：《满族民居民俗》，沈阳出版社 2004 年版，第 53 页。
③ 富育光主编：《图像中国满族风俗叙录》，山东画报出版社 2008 年版，第 70、71 页。

房架神恩都里。可见，建造房屋这种日常生活中最基本的活动，在满族先世时期就被赋予了神灵的色彩，这种建房的风俗也一直被延续下来。

此外满族还有铜镜辟邪的民居习俗。满族屋门上方一般会悬挂一面铜镜，传说这样可以照到妖邪，保佑宅邸平安。满族祭祀仪式中用神鼓敲打出来的声响象征着自然界的雷声。"满族人在建房时，要从神鼓背面串铜钱的筋绳上取下一小段，放在西房山上一个不引注目的地方作徽记，认为有了这段筋绳，就意味着宅所在任何风雷中也能岿然不动。"① 此外，满族先世的图腾为柳树，在满族民居的西房内还供有"佛多妈妈"，汉语的意思是"柳树娘娘"，祭祀佛多妈妈也是为了求得家族的兴旺平安，子孙满堂。萨满教的思想是满族传统观念形成的原动力，充斥在满族的日常生活之中。萨满教思想在满族民居中处处体现，这也反映了满族先民为家族祈福的愿望，希望家族可以兴旺发达、平安美满。

满族传统民居也受到其他民族民居样式的影响，无论在房屋的实用功效上还是在民族文化的展示上都融入了汉族等民族的特征。这种新生的民居既保留了满族传统的居住样式，又融合了其他民族住宅的特征，形成独具特色的居住样式，是众多民族文化的互化。

满族传统民居正是吸纳了不同民族民居的建筑技术才使得自身的建筑样式不断完善。满族传统民居文化的形成过程体现了新生和多元的特点，这也反映出一个民族的文化是在不断变迁的过程中逐步形成的，其间会受到诸多因素的影响，如地域的迁徙、周边民族的影响以及科技的发展等。一个民族的文化不但要适应这个民族所处的自然环境，更要顺应历史发展的轨迹，否则将因不能融入更大的文化圈而出现文化危机，进而影响文化的转型。满族传统文化在清代受到多民族文化的冲撞之后，必然要改变原有的以女真文化为核心的文化模式，发展转变为一种交往交流交融的模式。

---

① 富育光主编：《图像中国满族风俗叙录》，山东画报出版社 2008 年版，第 72 页。

第四章

满族非物质文化遗产的保护与传承

优秀传统文化的保护传承现实而复杂。本章试图理清满族非物质文化遗产的存在状况，确立保护、传承的原则，探讨有效的保护、传承的方法，并提出具体的保护、传承工作建议。

第一节　黑龙江省满族
非物质文化遗产的存在状态

按照其存在状态，黑龙江省满族非物质文化遗产可分为两种类型，即活态文化类型和固态文化类型。

一、活态文化类型

所谓活态文化形式是指那些能够反映满族独特的生活方式、仍然具有生命力、存在于人的生产生活之中的文化形式，有的也以某种物化的形式表现出来，如满族语言，满族的旗袍制作、刺绣工艺，传统体育竞技与民间游戏，节庆活动等。只有仍然存在于人们现实生活之中的文化形式才是处于活态中的，历史上曾经存在的文化形式，即便可能是某个民族的文化象征，但在现实中已经不复存在了的，也不属于活态之列。

在黑龙江省级非遗目录中，此类文化形式所占比例最大。如在 2006 年第一批目录中就有"东北大鼓"（哈尔滨市）、"满族珍珠球"（哈尔滨市、牡丹江市①）、"剪纸"（哈尔滨市）、"满族踢行头"（牡丹江市）、"满族欻嘎拉哈"（牡丹江市）、海伦剪纸（绥化市）等项，其中"东北大鼓"还入选了中国第一批国家级非遗目录；在 2008 年第二批目录中有"宁安秧歌"（宁安市）、"克东满绣"（克东县）、"靰鞡制作技艺"（哈尔滨市、海林市、牡丹江）、"满族盘酱制作技艺"（哈尔滨市阿城区）、"满族莫勒真大会"（哈尔滨市阿城区）、"满族颁金节"（哈尔滨市阿城区）、"花棍舞"（庆安县、齐齐哈尔市富拉尔基区）、"满族八大碗"（海林市）、"满族年猪菜"（牡丹江市）等项；在 2011 年公布的第三批目录中有"渤海靺鞨绣"（牡丹江市）。

限于篇幅，仅就"满族颁金节"和"满族莫勒真大会"做简要介绍。

后金天聪九年十月十三日（1635 年 11 月 22 日），皇太极颁布谕旨："我国原有满洲、哈达、乌拉、辉发等名，向者无知之人，往往称为诸申。夫诸申之号，乃席北超墨尔根之裔，实与我国无涉。我国建号满洲，统绪绵远，相传奕世，自今以后，一切人等，止称我国满洲原名，不得仍前妄称。"② 这也标志着满洲族名称的正式确定。1989 年 10 月，丹东"首届满族文化学术研讨会"，正式把每年的农历十月十三定为"颁金节"，"颁金"源于满语，为"诞生"之意。在确立颁金节之初，只有少数几个地方举办庆祝活动，近年来，南到广东，北到黑龙江，在中华大地上有许多满族自治县和民族乡都开始举办规模不等的隆重纪念活动。

莫勒真大会是满族传统的体育盛会，与蒙古族的那达慕大会类似，大会以满族传统的体育竞赛与表演项目为主要内容，充分展示了满族及其先民女真人的渔猎生活与文化。主要有男子珍珠球、女子雪地走、拔河、双

---

① 牡丹江市申报的"满族珍珠球"项目于 2009 年被批准为第一批扩展项目。

② 《清实录》第二册《太宗实录》，中华书局 1985 年版，第 330 页。

飞舞、男子拉地弓、摔跤、武术等体育项目和舞龙、民族舞、三人骑马戏等表演项目。珍珠球满语称"尼楚赫",在江河中采珍珠是渔猎民族的一项传统日常劳动,后逐渐演变成竞技项目;双飞舞又称"二人三足赛跑",源于清朝八旗子弟的冰雪运动;女子雪地走项目则要求运动员必须身着满族传统的旗袍,脚穿花盆底"旗鞋"竞走,反映满族早期生活于冰雪环境之中的状态。近年来,满族人口较多的城乡都会连续举办莫勒真大会。2008 年 8 月 16 日,料甸满族乡第九届莫勒真大会隆重举行,由料甸满族乡 13 个行政村和阿城满族联谊会组成的 14 支代表队共 230 余名运动员进行了珍珠球、双飞舞、雪地走、夺八旗四项独具满族特色的运动项目比赛。2009 年 9 月 20 日,哈尔滨市第十二届满族"莫勒真"大会在东北轻合金有限公司体育场隆重举行,来自全市满族民族乡、企事业单位、群众团体的十二个代表队的 2000 名少数民族群众参加了大会。大会上进行了满族传统珍珠球、赛威呼、跳龙门等项目的比赛,平房区和五常市代表队分别表演了满族宫廷舞、满族秧歌。

无论是颁金节还是莫勒真大会,或许在形式上与历史上传统的纪念方式和文化体育项目并不完全一致,但活动的主题无疑都是满族的传统文化,传达的是满族传统的生活方式与精神品质,既是对满族传统生活方式的怀念与追忆,同时又是对满族传统文化的传承与保护。不同于在日常生活领域人们随着生产、生活方式的变化而产生的传统生活习俗的自然变迁,这种纪念活动与体育活动不仅能够突破生活方式变迁对传统文化的消解,使它们完全以一种鲜明的、具有传承与表演性质的形式存在,而且充分体现了在现代语境下人们的文化自觉,对于弘扬中华优秀传统文化具有重要的现实意义。

二、固态文化类型

所谓固态文化形式,是指在一个民族文化历史中曾经被该民族所普遍共享,且在一定程度上能够反映该民族独特的生活方式,但是随着社会发展与文化变迁，在现代语境中已经不再具有生命力，仅作为一种历史文化记忆而存在的文化形式。目前，有许多被列入非物质文化遗产名录的文化形式，属于固态文化形式。如满族的婚俗、丧葬习俗、舞蹈、民间故事、传统信仰与家族祭祀等等。

在 2006 年黑龙江省第一批非物质文化遗产目录中，所公布的满族项目有"满族东海莽式舞"（黑龙江省艺术研究所、牡丹江市）、"满族萨满神话"（牡丹江市、黑龙江省民间文艺家协会）、"满族萨满家祭"（牡丹江市）、"女真谱评"（哈尔滨市、省民间文艺家协会）、"宁古塔民间文学"（牡丹江市）等；在 2008 年第二批目录中有"满族萨满神调"（海林市）、"满族采参习俗"（海林市）、"满族传统婚俗"（海林市、哈尔滨市阿城区）、"满族家祭"（哈尔滨市阿城区）、"傅英仁满族故事"（宁安市）、"阿勒楚喀民间文学"（哈尔滨市阿城区）、"杨氏家族萨满鹰神祭"（宁安市）、"山神节"（哈尔滨市阿城区）等项目；在 2011 年第三批目录中还有"满族说部《招抚宁古塔》"（宁安市）、"满族传统民歌"（哈尔滨市阿城区）、"满族祭祀音乐"（宁安市）、"满族巴拉莽式"（宁安市）、"满族杨烈舞"（宁安市）、"满族拍水舞"（宁安市）、"满族萨满舞"（泰来县、哈尔滨市阿城区）、"满族礼节"（海林市）等项目。

肇兴于明末的满族文化，其文化母体为女真的渔猎文化，后不断增加了农耕文化元素，形成了独具特色的满族文化。特别是经过自进入辽东开始的蓬勃发展后，至清中期，文化体系逐渐稳定、成型，从饮食、服饰到婚丧嫁娶、日常交往礼仪等形成了一整套的约定与规范。但随着满族生产与生活方式的变迁和社会历史环境的变化，时至今日，许多传统的文化形式都已经丧失了存在的土壤。文化本身就是历史凝结成的人的生活方式，当生活方式发生了变化，文化也必然相应地表现出不同的形式。一些原本十分合理，且为本族所接受的礼仪程序，在现代语境中就可能显得非常不合时宜，不仅为其他民族所不能理解，而且也为本民族所不能接受。但却不能由此否认固态文化形式作为一种历史文化的价值，它仍然是我们人类的宝贵财富，它证明了我们生活的丰富性与多样性。

但是，也应该注意到，近年来在部分固态文化形式中增加了一些具有时代气息的元素，使其文化的原始性打了折扣。比如，满族的家族祭祀活动。满族传统的社会组织为哈拉穆昆制，以家族为单位。清代满族的家族祭祀活动十分盛行，祭祀活动是在每年春秋两季比较固定的时间进行，一个完整的祭祀活动要持续三天，每天三次。但是，当下的祭祀活动已经逐渐由最初的家族内的例行活动，转变成具有表演性质的展示活动，参加人数也不仅限于本家族成员。被列入省级非遗目录的"满族萨满家祭"（牡丹江市）就是典型的代表。据关氏家族的老萨满关玉林老人介绍，清代皇太极时取消了野祭，只准家祭，但因为这里偏远，所以在政令传到当地以前，还依然有野祭存在。每年在丰收后全家族举行公祭。时间是在十月初一以后，由全户族各分支的首领和有名望的长者选定具体的吉祥日子，以及祭祀的规模、种类及使用工具。

自民国至解放初期，受政权变更及战事的影响，祭祀活动再不如前。但由于依兰岗满族村地处偏远，关氏家族又占本村人口的大多数，他们的传统祭祀活动仍然能够时断时续地举行，但远不如清代时频繁和隆重，至40年代初基本上就不再举行了。改革开放后，随着国家民族政策的落实，满族传统文化被社会所认可，依兰岗满族村关氏家族的祭祀也得以恢复。1993年11月，关氏家族举办了一次规模较大的祭祀活动，共有村里和从外地赶回来的关氏家族成员100多人参加，整场祭祀活动历时三天，在附近引起了轰动。

最初恢复的关氏祭祀活动，应该说是一种具有活态性质的原生文化，参加人员主要为本家族成员。随着关氏祭祖活动影响日益扩大，前来考察、参观的学者、游客也不断增加。2008年，政府投资，当地满族老人充当"顾问"，在满族村村北选择了一块面积为3600平方米的空地，按照满族传统样式专门修建了全新的依兰岗满族村满族民俗馆，作为祭祀的固定场所。关氏家族的祭祀通常为"三年一小祭，五年一大祭"，但从1993年第一次搞祭祀活动开始，几乎是每年不间断举行了十余次家族祭祀活动，完全改变了原来的时间规定，参加人员的范围也不断扩大，既有不少关氏家族后人回来"寻根",也经常有来自国内外的专家、学者、游客慕名前来参观考察。这一祭祀活动已经由家族祭祖向满族传统文化展示演变。

关氏家族的祭祀活动,在比较完整地保留了满族传统祭祀文化的基础上,亦反映出社会变革、文化发展的时代特征。

首先,祭祀的性质与功能有所改变。近年来,前来调查、参观宁安关氏家族祭祀的人数呈上升趋势。当参加关氏家族举行例祭的外来人很少时,或许不用支付很多费用,甚至可以免费参加。但对于专门为外来的新闻媒体或学术活动举行的祭祀,则要付一定的费用,因为祭祀活动本身是有成本的,因而收取一定费用也属合理。但是,这种为展示与表演所举行的祭祀活动,从本质上有别于真正的满族家族祭祀活动,实际上是脱离了这种传统文化形式生存的土壤,因而极有可能从形式到内容都会发生改变,随着时间的推移,表演的程度会越来越大,会与满族传统祭祀文化渐行渐远。

其次,祭祀程序与形式不断调整。按照宁安满族关氏家族祖传的规矩,祭祀活动为每三年举行一次小型祭祀,五年举行一次大型祭祀。祭祀的具体时间由穆昆达(族长)、大萨满和各分支萨满代表商定,一般都是在秋季举行。关氏家族自 1993 年恢复祭祀活动以来,几乎每年举行一次,甚至有时一年多次。举行的时间也不再局限于秋季。祭祀活动的程式也不完全相同,根据参观者的不同情况会有所调整。关氏家族祭祀的具体仪式逐渐由繁向简转变。

最后,传统满族祭祀的禁忌也日趋松弛。比如,祭祀所用的牲猪,按传统规定必须是纯黑色无杂毛的猪,以表示设祭者的虔诚和对所祭祀的神灵及祖先的尊重。但是近年来,这种纯黑色的猪十分难找,就改用白猪系上红绳替代。再比如,随着祭祀活动的不断开放,对外人参加的限制也不如以前严格。按传统背灯祭要求,族外人是不能进入神堂的,但现在外来者与族人一样可参加,只是需要遵守与族人一样的规定,如不能有光亮、不得发出声音等。

可见,这种祭祀活动传达的信息,已经与原始状态有所差异。可以预见，随着时间的推移，这种差异也会逐渐加大。

第二节　非物质文化遗产保护传承体系现状

黑龙江省少数民族文化遗产包括物质文化与非物质文化两类，资源非常丰富。截至2015年，全省列入国家级名录的有34项，列入省级名录的有336项，已有达斡尔族鲁日格勒舞和乌钦、赫哲族伊玛堪和鱼皮制作技艺、鄂伦春族摩苏昆和古伦木沓节等18个少数民族非遗项目列入国家物质文化遗产名录。省级少数民族非物质文化遗产有143项。黑龙江省少数民族非物质文化遗产可分为四类：第一类是民间文学类非遗，第二类是表演艺术类非遗，第三类是传统手工技艺类非遗，第四类是民俗类非遗。第一类，有27项省级民间文学类非遗项目，其中少数民族的非遗项目13项，占全省非遗项目的48%，如满族萨满神话、女真谱评等。满族的非遗数量最多，共7项，赫哲族非遗3项，鄂伦春族非遗1项，鄂温克族非遗1项，柯尔克孜族非遗1项。第二类，在黑龙江省18项国家级少数民族非物质文化遗产名录中，有7个表演艺术类的非遗项目，占国家少数民族非遗项目的39%，这些项目有曲艺类的赫哲族伊玛堪、达斡尔族乌钦、鄂伦春族摩苏昆3项，传统音乐类的罕伯岱达斡尔族民歌、鄂伦春族赞达仁、蒙古族四胡音乐3项，传统舞蹈类的达斡尔族鲁日格勒舞1项。省级的非遗项目中有89项表演艺术类非遗项目，其中少数民族的非遗项目52项，占全省非遗项目的58%。第三类，传统技艺集中在器具制作和建筑制作等方面，传统美术集中在刺绣和剪纸项目，在黑龙江省的国家级非遗项目中有9项传统手工技艺、美术类非遗项目，其中少数民族的国家级非遗项目6项。第四类，黑龙江省的国家级非物质文化遗产项目中有6项民俗类非遗，其中5项都是少数民族的非遗，分别为鄂伦春族古伦木沓节、朝鲜族花甲礼、鄂温克族瑟宾节、达斡尔族传统婚俗和赫哲族婚俗。省级少数民族非遗项目则有44项之多。黑龙江省唯一一项完整入选联合国《急需保护的非物质文化遗产名录》的，也是少数民族项目"赫哲族伊玛堪说唱"（2011）。①

从国家层面而言，非物质文化遗产保护体系的构建始于 2003 年年初，文化部与财政部联合国家民委、中国文联，启动中国民族民间文化保护工程，并于 2003 年成立中国民族民间文化保护工程国家中心，具体负责保护工程的日常事务。《保护非物质文化遗产公约》于 2003 年 10 月 17 日被联合国教科文组织第三十二届大会顺利通过，我国于 2004 年 8 月批准加入了该公约。黑龙江省按照国家的统一部署，于 2004 年启动民族民间文化普查和申报工作，经过十余年的努力，非物质文化遗产保护工作取得了十分显著的成效，主要表现在以下几个方面。

首先，黑龙江省已经建立了较为完善的非物质文化遗产名录体系，共有包括国家级、省级、地市级和县级在内的四个层级。除国家级外，每个层级的推荐、评审也都有严格的程序与制度，做到了公开、公正与公平。与非物质文化遗产名录体系相适应的代表性传承人评审认定体系也同步建立。截至 2014 年，黑龙江省有国家级代表性传承人 15 名（其中 4 人已去世），省级代表性传承人 337 名（其中 17 人已去世）。

其次，黑龙江省在非物质文化遗产保护机构设置与机制建设方面也取得了可喜成就。经省委编办批准，黑龙江省非物质文化遗产保护中心于 2005 年成立，2014 年 6 月 18 日，核准为正处级事业单位。另有哈尔滨市、牡丹江市等 8 个地市成立了市级非物质文化遗产保护中心。非物质文化遗产保护基础设施建设得到进一步加强，至 2014 年，黑龙江省共有 155 个非物质文化遗产基础设施，包括非遗传习所 55 个，传习基地 14 个，展馆 37 个，民俗博物馆 13 个，其他传习设施 36 个。

最后，非物质文化遗产保护的方法与技术、管理机制等方面也在不断提高完善。省非物质文化遗产保护中心作为主要管理与指导单位，不断创

---

① 黑龙江省的"望奎皮影戏"与其他 10 省共同申报的"中国皮影戏"被列为联合国《人类非物质文化遗产代表作名录》，仅能算是一部分，而不是完整的黑龙江项目。

新其管理模式，以入选名录项目保护为中心，采取记录式保护、活态式保护、研究式保护、传播式保护、生产性保护、整体性保护等多种保护方式，设立了"赫哲族文化生态保护实验区""金源文化生态保护实验区""牡丹江流域民族文化生态保护实验区"三个省级文化生态保护区。2010年11月，根据国家关于非物质文化遗产法律文书及有关规定，结合黑龙江省的具体情况，省文化厅制定了《黑龙江省非物质文化遗产名录项目保护管理暂行规定》等一系列办法和规定，为实践工作提供了政策保障，促使各项工作有序化、规范化。

第三节　满族非物质文化遗产传承与保护原则

如何保护、传承与挖掘满族文化资源，促进黑龙江省文化建设与发展是黑龙江大学满学研究院研究团队近年来特别关注的重要课题。围绕这一课题，研究团队不仅连续几年进行田野调查，而且组织专门人员开展深入的研究。以下是我们在借鉴、学习国际上对非物质文化遗产保护与传承的方法与经验，并参考了其他地区的实际做法的基础上，经过认真总结与分析后提出的一些思路。

从实践层面而言，我们从文化主体的角度出发，在中华民族文化视野中思考如何传承、保护满族非物质文化遗产，努力保持文化多样性，促进黑龙江文化大发展大繁荣。

自20世纪末开始，随着全球化进程的加速，越来越多的人意识到，文化的多样性是人类进步与可持续发展的精神源泉与不竭动力，如火如荼的保护文化多样性工作得以在世界范围内展开。2005年10月20日联合国教科文组织第三十三届大会以绝对多数票赞成通过了《保护和促进文化表现形式多样性公约》。这意味着文化多样性原则被提高到国际社会应该遵守的伦理道德高度，并具有国际法律文书的性质。在我国，保护文化多样性的工作自20世纪70年代开始，至21世纪初，借申报世界遗产之东风，保护自然遗产、物质文化遗产、口头与非物质文化遗产各项相关工作得以大范围、全方位展开，并取得了令人瞩目的成就。但是，不可否认的是，在保护文化多样性工作的具体操作过程中仍然存在一些亟待解决的问题，特别是在保护对象的选择、保护的方式与途径以及在保护过程中的人文关怀等方面问题较多，因此需要我们在积极展开保护文化多样性工作的同时保持清醒的头脑，冷静地、理性地思考如何才能真正有效地做好这项工作。

根据黑龙江省满族非物质文化遗产的特点与现状，我们在此仅仅想从实践层面提出一些基本的原则，现在还很难就具体个案从操作程序上逐一提出解决方案。

一、选择性保护原则

多样文化的存在是一种客观现实。不同的自然环境、历史条件、文化主体造就了不同的文化形态。而不同的文化在其历史变迁过程中又发生了不同的变化，有的在新的条件下继续发展，有的则逐渐衰落，还有的与其他文化相融合，成为一种新的文化，凡此种种，构成了现实中的文化多样性。在满族众多的文化形态中并非全部都是有价值的，可以说是良莠不齐，精华与糟粕共存。我们不可能也没有必要将现有的所有文化形态都进行保护，我们只能保护那些急需和值得保护的文化形式。

我们所要保护的是处于濒危状态的文化形式。世界文化遗产保护运动兴起的原因，就在于人们意识到，一些具有历史意义与特殊价值的文化形式正受到严重破坏，濒临消亡。正是"注意到文化遗产和自然遗产越来越受到破坏的威胁，一方面因年久腐变所致，同时变化中的社会和经济条件使情况恶化，造成更加难以对付的损害或破坏现象"，并且"鉴于威胁这类遗产的新危险的规模和严重性，整个国际社会有责任通过提供集体性援助来参与保护具有突出的普遍价值的文化和自然遗产"，联合国教科文组织于 1972 年 11 月在巴黎召开的第十七届大会上正式通过了《保护世界文化和自然遗产公约》。

同时，我们所要保护的是那些最具有创造性、特殊性与突出价值的文化形式。在漫长的人类文明历史长河中，曾经产生了各种各样的文化形态，有的为我们所熟习，有的则是通过历史记载所了解，还有更多我们所未知的种类。以语言为例，在我国古代，除居住在中原地区的汉民族外，还有生活于周边地区的众多少数民族，他们大多都曾经拥有过自己独立的语言，但随着民族的不断变迁与发展，以及与其他民族的接触与融合，许多语言先后消亡，如西夏语、鲜卑语、契丹语、女真语、和田语等。这些语言都是在历史文献中有过记载、至今我们还能知道的语言。在历史上一定还存在着一些不曾有过记载、我们也无法考证的语言，根据历史上不同民族的兴亡情况，数量应当超过已知的语言。所以今天我们的濒危文化也不可能完全被保护起来，只能保护那些具有历史感、历史里程碑意义的文化形式。作为《保护世界文化和自然遗产公约》补充的《执行世界遗产公约的操作准则》提出的入选《世界遗产名录》的六项标准，主要强调的是文化形式的"创造性""独特性""杰出范例"。联合国教科文组织在 2003 年 10 月 17 日颁布的《保护非物质文化遗产公约》也阐明："本公约所保护的不是无形文化遗产的全部，而是其中最优秀的部分——包括符合现有国际人权公约的、有利于建立彼此尊重之和谐社会的、最能使人类社会实现可持续发展目标的那部分无形文化遗产。"

语言作为文化的载体，承载了丰富的文化内容，甚至语言本身就是一种文化，各民族语言体现了他们的思维方式与文化模式。可以说，一种语言的消失就如同一种文化的消失。满语文在清代曾作为"国语""清文"广泛使用，然而目前仅在黑河地区的孙吴县四季屯、齐齐哈尔地区的富裕县友谊达斡尔族满族柯尔克孜族乡三家子村还有部分满族老人能够使用满语。

对于满族文化的固态形式则应以保存为主。事实上，我们也不可能将满族所有的传统文化形式都加以保护。不加选择地保护不仅需要巨大的财力、物力、人力投入，而且将会使我们在发展的路途上承受"无法承受之重"。当然，这里并不认同对其他文化形式任其消亡的自然主义态度，而是认为应该有选择地保护，应用多种手段进行保存，即通过现代化技术手段或其他可行的方式将特定的文化形式作为文化的历史记忆加以保存。

二、分类保护原则

所谓非物质文化遗产即无形文化遗产，《保护非物质文化遗产公约》规定，它"是指那些被各地人民群众或某些个人视为其文化财富重要组成部分的各种社会活动、讲述艺术、表演艺术、生产生活经验、各种手工艺技能以及在讲述、表演、实施这些技艺与技能的过程中所使用的各种工具、实物、制成品及相关场所。"具体内容包括民间文学、表演艺术、传统手工艺技能、传统节日与仪式活动、生产生活经验等。不同的文化形式应采取不同方法加以保护与传承。

在这里需要强调保护与保存的区别。保护的对象是指那些活态的文化形式，通过我们的努力，在现代社会中继续生存并得以发展，即通过保护使之仍然处于一种活的状态，引导性地传承与保护中间类型的文化形式，合理有效地保存那些固态的文化形式，通过录音、录像等现代化方法与手段而使之存留下来，作为一种历史记忆以供后人了解。

分类保护并不是片面保护。如从赫哲族鱼皮文化制品的保护中便可发现问题之所在。赫哲族在新中国成立以前世代以渔猎为生，不事农耕，因而形成了独特的渔猎文化模式，包括大量的鱼皮制品与独特的制作工艺。在北方一些省市的博物馆中收藏有部分鱼皮制品，如黑龙江省民族博物馆中收藏的鱼皮衣、鱼皮套裤、鱼皮靰鞡等，但却没有与之相关的制作工艺的介绍与说明。这种保护方法实际上是将有形文化与无形文化分割开来，因而无法完整全面地保存传统的文化形式。对于在鄂伦春、鄂温克、赫哲等民族中普遍存在的另两种特色文化——兽皮文化与桦树皮文化也是如此。我们应该将有形文化的保护与无形文化的保护结合起来，在保存物化成果的同时将与之相关的非物化形式采用一定的技术手段一并加以收集、保存。

对于满族极为丰富的民间文学，包括神话故事、英雄史诗、说唱艺术等，应该予以特别关注与保护。这些由民间创作并在民间广泛流传的艺术形式，包含有深刻的文化内涵，从民族起源、民族历史到民族生活与思维方式，都以十分生动活泼的表现形式体现得淋漓尽致。对讲演艺术、民歌民谣等文化形式基本采用的是传统的"采风"式保护方法。通常由科研人员、文艺工作者利用不太长的时间深入田野、民间，对流行和存在于民间的各种艺术形式进行调查、记录，经过整理后以图书、音频等形式出版发行。这种方式经过了由自发到自觉、由个人行为到政府行为的发展过程，已成为抢救、保护口头与非物质文化遗产的主要方式，也的确取得了一定的效果。但是，我们应该清醒地认识到，这只是一种抢救性保存工作，而且是不够完整的保存工作。比如，一种完整的民间说唱艺术应该包括说唱主体、表演形式（如说唱时使用的语言、腔调、表情、动作等）、表演的内容三个主要方面。如果我们仅将表演的内容以文本的形式记录下来，则难以反映这种艺术形式的全貌。我们不妨借鉴影视人类学的方法对此类文化形式进行记录保存，以影像与影视手段表现人类学原理，记录、展示和诠释一个民族的文化[①]。从保护的角度而言，民间文学艺术、传统工艺均产生于特定群体在特定时代的特定生产生活方式，具有不可复制的特点，要保护就应该从保护艺术的生存环境与社会文化背景入手，特别注意对传承主体——人的保护和培养。

保护满族传统文化的方法与途径是值得我们认真思考的一项紧迫工作。如果方法不得当，很可能使以保护传统文化为出发点和目的的工作产生损毁、破坏它们的后果。存在上述问题的根本原因在于对文化理解上的欠缺，即将文化视为简单的、孤立的、静止的物化形式，忽视了其复合的、历时的和发展的本质特征。

---

① 庄孔韶主编：《人类学通论》，山西教育出版社 2002 年版，第 557 页。

第四节　非物质文化遗产保护传承存在的问题

从总体上来看，非物质文化遗产保护工作在近十年来取得了长足的进步，但是个别地区在长远规划及发展目标方面还存在一定的不足与问题，主要表现在以下几个方面。

一是对非物质文化遗产的概念的理解与认识存在一定的误区。根据联合国教科文组织的界定，非物质文化遗产是指各种以非物质形态存在的，与群众生活密切相关、世代相承的传统文化表现形式，包括口头传说、传统表演艺术、传统礼仪、节庆等民俗，有关自然界和宇宙的民间传统知识和实践，传统手工艺技能等，以及与上述传统文化表现形式相关的文化空间。这里强调的传统是指经过一定历史时期的积淀，并非新近产生的文化形式，有的文件甚至明确规定存在时间要在 100 年以上。但是，这种传统并非一定就是一成不变的，要"各个群体和团体随着其所处环境、与自然界的相互关系和历史条件的变化，不断使这种代代相传的非物质文化遗产得到创新，同时使他们自己具有一种认同感和历史感，从而促进了文化多样性和激发人类的创造力"①。其所强调的是非物质文化遗产的活态特征，正是因为其活态性，才突显了对保持文化多样性不可替代的价值与意义。但是，在现实中，当我们对非物质文化遗产进行认定时，却往往偏重于其历史性、传统性，而忽略了其活态特征，那些已经丧失了生命力、在现实中不复存在的文化形式，如果仅仅作为非遗项目而存在，必然会因其没有大众基础而被边缘化、孤立化，不仅与我们设立保护名录的初衷背道而驰，而且将会因无生命力而难以传承下去。因此，我们必须要全面、准确、科学地理解非物质文化遗产的深刻内涵，特别是其独特性（相对性）、活态性与大众性，才能在现实中客观、真实地发现具有传统价值的文化

---

① 参见联合国教科文组织于 2003 年在巴黎第三十二届会议上通过的《保护非物质文化遗产公约》第二条。

遗产。

二是非物质文化遗产传承体系急需加强完善。非物质文化遗产最大的特点就是以人为载体进行传播传承，或者说其存在方式的特点就是人直接参与其中。离开了人，非遗只能是以固化的形式保存，而非活态的。一般而言，非遗的传承有三种形式：一种是家庭或家族内部长辈与晚辈之间，可能是父（母）子（女）两代之间，也可能是隔代之间，都是在有血缘关系的人员之间进行，属于私人领域；另一种是师傅带徒弟的形式，有时是一对一的方式，也有的是一个师傅带几个徒弟，师傅与徒弟之间可能有一定的亲属关系，也可能是通过一定社会关系的推荐介绍，并无任何血缘关系，因此属于半公共领域；还有一种是以学校为平台的传承形式，往往人数较多，公开招生，课堂传习，属于完全的公共领域。这三种不同的方式都有明确的谱系关系。

从黑龙江省的情况来看，少数民族非物质文化遗产的传承以前两种形式居多，比如传统技艺、传统舞蹈、民间文学等。但是，这种传承体系的稳定性难以保证。有的可以实现有序传承，比如海伦的满族剪纸项目，代表性传承人傅作仁先生同夫人董振凡及全家人共创具有特色的海伦剪纸五千余幅，荣获中国民间文艺家协会授予的"中国一级民间工艺美术家"称号。年届八旬的傅先生把其精湛的技艺传给了他的两个女儿——傅清超和傅清泉。傅清超还将其进行了产业化开发，在传承传统技艺的同时取得了良好的经济效益。但是，有的项目却出现了传承链断裂、后继无人的情况。比如，省级非遗项目阿城区的木雕重彩项目，其代表性传承人翟孟义开创了具有浓郁民族文化与关东地域文化的"木雕重彩"工艺，代表作《关东十八怪》广为流传。但遗憾的是至今没有传人。据翟孟义老人介绍，曾经有几个年轻学生拜师学艺，但或者因基础不好或者因难以忍受清苦而相继中途放弃。还有一些项目也是如此。

这种情况主要是因为其传承过程都是基于传承人的自主行为，属于自在的文化传承，缺少社会与政府的适当参与与扶持，更没有制度与措施保障，当传承人自然死亡后，后继无人就变得不可避免。

三是非物质文化遗产的保护机制有待于进一步健全。保护非物质文化遗产是一项系统工程，是需要社会多个层面、多个机构共同参与的大众事业，既要有完善的法律规章作为保证，更需要规范有效的工作机制。

从国家层面来看，从 2005 年开始，国家陆续出台了一系列法律、法规、规章与规范性文件，如《国务院关于加强文化遗产保护的通知》（2005）、《国务院办公厅关于加强我国非物质文化遗产保护工作的意见》（2005）、《国家级非物质文化遗产保护与管理暂行办法》（2006）、《国家级非物质文化遗产项目代表性传承人认定与管理暂行办法》（2008）、《中华人民共和国非物质文化遗产法》（2011）、《文化部关于加强非物质文化遗产生产性保护的指导意见》（2012）等。但到一些地区，相应的一些地方性法规仍然在酝酿讨论之中，未能出台。

近年来，从国际到国内，全社会对少数民族文化遗产保护的重视程度明显提高，各地区也出现了少数民族非物质文化遗产的申报热潮，但是在取得一定成效的同时，要注意申报过程中的功利性倾向与非理性倾向。若片面追求数量，不顾历史事实与评审要求，将一些不符合非遗申报条件的项目列入目录之中，不仅会影响立项的严肃性、权威性，还会浪费投入的财力、物力，对社会产生负面影响。

此外，在少数民族非物质文化遗产保护方面，个别地方还存在多机构参与、职责交叉、政出多门等管理不科学的问题。

第五节　非物质文化遗产保护传承体系的完善

丰富多彩的少数民族非物质文化遗产，既是历史发展的见证，又是文化发展繁荣不可或缺的宝贵资源。同时我们也意识到，一些少数民族非物质文化遗产处于濒危状态，完善保护、传承体系，提高工作效率，不仅意义重大，而且刻不容缓。

一、文化保护传承体系的完善原则

我们要在全社会范围内提高对非物质文化遗产的认识。非物质文化遗产作为一个概念传入我国及其相关工作的真正启动是最近二三十年的事情。作为一个新生事物，我们对它的了解、认识和把握需要一定的时间来完成，况且非物质文化遗产的概念是相对概括的、抽象的，而现实中的文化遗产却是繁芜多样的。在 21 世纪初开展的我国首次非物质文化遗产普查中，提出要充分尊重民众的创造性，以全面性、代表性、真实性作为普查工作的指导原则；但在个别地方实际操作过程中因为认识不足而难免出现偏差，比如对非物质文化遗产活态性、相对性和大众性的把握等。因此，在全社会范围内提高对非物质文化遗产的认识是十分必要的，也是我们做好保护传承工作的一项基本任务。具体说来，可以通过两方面提高对非物质文化遗产的认识。

一方面是从事非物质文化遗产保护工作的人员要进行定期培训与学习。内容可设定三个专题：第一是非物质文化遗产专题，包括非物质文化遗产概念、内涵、特征、价值等基本知识，国内外保护传承的方式、途径、技术手段和成功案例等，切实提高非遗方面的专业知识。第二是历史文化专题，重点介绍历史变迁、生产方式、生活习俗、文化特征等内容。非物质文化遗产具有特殊的民族性、历史性和时代性特征，只有了解历史才能确认文化的真实性。第三是传承保护工作实践专题，主要介绍有关法律法规、制度、规范、工作流程等操作层面的内容，同时强调工作的意义与价值，增强对本职工作的神圣性与严肃性的认识，提高职业道德水准。这里要充分发挥专家学者的作用，以保证培训学习的效果。另一方面是在大众层面的宣传推介。可以通过电视、报纸、网络等媒体加大宣传力度，邀请专家学者举办较大范围的科普讲座，系统讲解非物质文化遗产的概念与特征。

还要进一步完善非物质文化遗产保护与传承制度体系。要做好少数民族非物质文化遗产保护与传承工作，政府及相关管理机构应该在制度建设上发挥指导、设计与管理作用，创造良好的政策与平台环境，主要做好以下三方面工作。

其一是加快法律法规与制度建设的进程，确保工作有法可依、有章可循。在充分学习掌握国家法律法规的前提下，依据地方实际情况，对一些重要的概念和工作内容尽可能明确，不再是模糊式的或简单定性，而是突出可操作性。比如，在《中华人民共和国非物质文化遗产法》第三条中指出：对体现中华民族优秀传统文化，具有历史、文学、艺术、科学价值的非物质文化遗产采取传承、传播等措施予以保护。我们在制定地方保护条例时可以考虑明确界定具有历史、文学、艺术、科学价值的文化项目的具体范畴。其二是改变重申报轻保护的现状，加大对传承人梯队建设的支持力度。比如对有生活困难的代表性传承人给予适当补贴，对于有商业价值的项目类型，帮助他们与企业对接，走产业化道路，实现自造血目标；对于坚持从事学习的后备传承人，为他们建立档案，提供一定的生活资助，帮助解决未来就业与发展问题等。其三是建立多部门协同机制。由于工作职责的差异，在具体工作中各部门的侧重点也有所不同，难免在非物质文化遗产保护工作中出现职能交叉、工作重复等问题，如果能够建立一种联动机制，协调各方力量，明确各自分工与责任，则会避免工作无序的问题。

我们更要拓展创新非物质文化遗产的保护与传承模式。就目前笔者了解到的一些地方情况而言，少数民族非物质文化遗产保护传承主要以自在的、传统的方式为主，方法略显简单，形式过于单一。我们应该不断拓展思路，积极借鉴国内先进地区的经验，从大文化的角度出发，创新保护和传承的手段与方法。现仅就我们所见所想，提出以下几点思路。

加强文化生态环境建设。这是保持文化活力的一种核心理念和根本途径。每一种文化都产生于特定的自然环境与人文环境，文化的生存与发展同样依赖于一定的文化土壤。在现代化过程中，部分少数民族文化呈现衰退的趋势，甚至有许多文化形式已经处于濒危状态，文化环境的破坏是一个重要原因。如果不加强对文化土壤的培育，单纯对文化遗产进行博物馆式的保护，只能取得暂时的效果，犹如无源之水，无本之木，难以达到长期保护与传承的目的。因此，我们应该以少数民族聚居地区为核心，经过认真调研，合理规划，以科学的态度进行设计论证，为非物质文化遗产的活态存续提供必要的文化生态环境，比如语言环境、大众文体活动与民间传统节庆等。唯有如此，才能做到在保存和保护传统民族文化的同时，实现传统文化形式的发展与创新，保持文化的活力。

文化产业开发。2003 年 9 月，中华人民共和国文化部制定下发的《关于支持和促进文化产业发展的若干意见》，将文化产业界定为"从事文化产品生产和提供文化服务的经营性行业"。相对于文化产业发达省区，一些地方的文化产业特别是利用民族传统文化资源发展的文化产业存在明显的不足。其中一个重要原因就是非物质文化遗产传承、保护与文化产业开发相脱节，从事传承、保护工作的群体不善于产业化经营，而文化产业主体对文化资源又较为陌生。实际上，文化产业从根本上来说也是文化遗产传承和保护的一种有效途径。文化产业必须以文化为基础，或者说来源于文化，发生于文化，以文化为源泉和动力，其最终结果也是实现文化的发展与繁荣。我们可以考虑，由相关行政管理部门牵头，协调非物质文化遗产项目的传承人与保护单位、从事传统文化研究的专家学者、文化企业三方面，以协同创新为机制，联合发展基于地方特有的民族文化资源的文化产业。

二、文化遗产保护的几项措施（以黑龙江省为例）

黑龙江省是一个多民族、散杂居边疆省份。全省共有 53 个少数民族，人口超过 100 万，占全省总人口的 3%。其中世居本省的有满、朝鲜、蒙古、回、达斡尔、锡伯、赫哲、鄂伦春、鄂温克、柯尔克孜等少数民族。这些少数民族在长期的生产与生活实践中创造了灿烂、独特又丰富多彩的文化形式，积淀深厚，特色鲜明，是黑龙江省地域文化的重要组成部分，也是龙江文化的根、龙江文化的魂，同时也为我们留下了丰富的文化遗产。

随着社会发展与文化生态环境的变迁，许多少数民族传统文化正呈现着濒危的趋势，这种濒危甚至是消失将对黑龙江省文化结构造成不可弥补的损失。因此，保护、传承少数民族优秀文化对龙江地域文化精神的认识与理解、龙江文化模式的确认等对黑龙江省文化繁荣发展这一长期而重大的战略任务有重要影响。而将非物质文化遗产与旅游产业开发相结合形成一种新型旅游产品，不仅可以激发文化活力，同时还可以发挥特色文化优势，促进区域文化产业繁荣，这不失为一条经济文化共赢的有效途径。游人在尽情欣赏少数民族歌舞，品尝少数民族特色饮食的同时也感受着少数民族文化的魅力。保护、开发少数民族优秀文化不仅能带动研究，促进后备人才的培养，还能达到文化产业的持续发展。

黑龙江旅游产业一向因自然风光与四季分明的气候特点而著名。夏季凉爽，丰富的森林资源被誉为天然氧吧，为国内首选避暑胜地；冬季寒冷，冰雪资源得天独厚，为南方游客赏冰雪奇观的不二选择。同时，这里还是一些少数民族世居之地，古老的传统文化神秘而独特，亦成为吸引游客的亮点。近年来，黑龙江省也开始重视将少数民族传统文化与旅游产业相结合的工作，并取得了良好的经济效益与社会效益。经过调查发现，旅游产业都或多或少地与非遗项目有所关联，具体形式主要有以下三种。

一是非遗项目传承人或机构与旅游企业合作，将非遗表演（展示）融入旅游产业中，拓展旅游产业发展渠道。这种融合的方式既为非遗项目传承推广搭建了平台，扩大了社会影响，同时又为旅游产业发展提供了新生资源，增加了经济收入。

二是依托旅游景区展示非物质文化传统工艺，销售文化产品。近年来，随着国家对少数民族传统文化和旅游产业发展的重视，各地政府深入挖掘地方文化资源，助推旅游业振兴。

三是在一些地区设立独立的工作室，供游客自主参观，同时销售传统工艺品。

通过调查可以发现，极具地域与民族特色的少数民族非物质文化遗产是黑龙江省旅游产业发展不可替代的重要资源，近年来日趋受到旅游市场的欢迎。事实上，在国内一些少数民族文化资源丰富的省区，如四川、云南、海南等，已经将旅游产业开发与少数民族传统文化进行了较好的结合，既传播了地域民族文化，又极大提升了旅游产业的文化品位，实现了社会效益与经济效益双丰收。虽然黑龙江省也相继出台了一些措施以加强少数民族传统文化与旅游产业的结合，并取得一定效益，但也存在一些不足与问题。

首先，非遗传承人与旅游产业主体对相互合作重视不够，均缺乏主动合作的意识与愿望，在思想认识上有待于提高。通过调查可以发现，就非遗保护传承工作而言，无论在经费投入上，还是传承机制的建设上，都取得了明显的效果。比如在佳木斯郊区、同江街津口、饶河都成立了伊玛堪传习所，其他非遗项目也是如此。但这一传承体系，从一定程度上来说具有相对封闭性，仅局限于本民族或者说传承系统内部，对外的联系与开放则很少。同样，黑龙江省的旅游企业还是以自然风景、历史名胜等传统资源为主，在偶然与非遗项目联合时大多数只视其为文艺节目而非地标式文化资源，未能实质性地纳入旅游规划设计之中。这种认识上的误区是导致黑龙江省非遗资源与旅游开发结合欠充分的一个重要原因。

其次，从政府管理层面而言，未能形成非遗资源与旅游开发有机结合的工作机制。非遗保护与传承工作机构隶属于政府文化管理机构，其职能在于挖掘、发现非遗资源，推荐评审并确立项目入选为相应级别的非遗目录，建立健全保护、传承机制，追求保护传承效果的最大化。旅游产业开发则隶属于旅游管理部门，负责引导规划旅游产业发展，监督旅游市场秩序，力求获得更大经济效益。虽然两个系统在工作上有所交叉，特别是在区域发展规划上，需要各部门相互合作，但又囿于部门分工，很难实现二者在工作机制上的深度结合。由此导致赫哲族非遗项目与旅游产业开发的结合，以偶然的、自在的、随意的占多数，即使有主动合作，亦是非遗传承人自发所为，即旅游公司与项目传承人之间的合作，没有政府部门的主导与引领，没有形成一种机制与工作体系，因而社会效益与经济效益都大打折扣。现在我们还远没有将非遗项目作为旅游产业发展的一种必要资源予以开发利用，非遗资源旅游开发仍然是"处于深闺人未知"的状态。

再次，少数民族非遗资源转化为旅游产品的质量与水平还有待进一步提高。诚然，黑龙江省少数民族非遗资源是基于各民族多年历史积淀与文化成就而丰富、发展的，在理论上也必然会成为黑龙江省旅游产业发展得天独厚的资源与优势，但是，在现实中这些资源并不能直接成为旅游产品和文化产品，而是需要按照旅游市场的需要进行重新提炼、设计、加工、包装、宣传等一系列流程，才能真正产出高水平、有特色、有市场的旅游产品。如在调查中我们看到了大量的赫哲"三绝"（鱼皮、鱼骨、桦树皮）传统工艺品，其中亦不乏精品上乘之作，但作为一种旅游产品，总体上并不尽如人意。与国内外同类产品相比，无论是制作、包装上，还是创意设计上，都有很大差距，过于粗糙、简单。主要原因有二：一方面是非遗传承人自身的局限性，他们大多未受过正规系统的专业训练；另一方面，他们的工作室均以家族式为主，缺少与文创专业团队合作的经验，因而很难生产出时尚高端又具民族特色的旅游文化产品。基于此，我们可以采取如下的措施。

一是加强非遗管理部门与旅游管理部门的合作，打破体制上的限制，提高认识，强化合作意识，逐渐建立健全非遗资源与旅游产业开发的合作机制。比如将全省非遗资源数据库提供给旅游企业，根据各旅游企业的基础与特点予以结合开发；发动省内所有旅游企业至少设计一项与非遗相关的旅游产品（线路）；协调非遗传承人与文创专业团队对接，并予以资助；等等。

二是文化管理机构要改变传统的保护、传承观念，创新传承模式，树立大文化观，将与旅游产业开发相结合作为非遗保护传承体系内的一个重要环节。事实上，在现代化大潮的冲击下，许多传统文化都面临濒危的窘境，只有适应时代要求，不断创新传承模式，才能确保传统文化永葆生命活力。特别是那些传统手工技艺，通过市场化运作，与旅游产业、文化产业相结合，不失为长久传承的有效途径。一些非遗项目传承后继乏人，一个重要原因就是缺乏经济保障。在全球化背景下，非遗项目能够与旅游产业结合将会使其影响实现最大化，这也是传统文化走向世界的重要平台。

三是切实提高非遗项目向旅游文化产品转化的层次与水平。这仍然需要政府相关部门引导、帮助与支持。一方面要改变非遗传承人的传统观念，提高转型意识。通过系统培训，介绍国内外旅游文化创意最新趋势，或组织他们到旅游产业发达的地区参观学习，实地考察成功案例，激发他们参与的积极性。另一方面，要积极联系协调旅游文化企业与其对接，在政策上鼓励双方合作，特别是结合当下市场需求，在保持原有文化传统的前提下，设计出更多、更新颖的旅游产品。此外，管理部门还应提供必要的法律援助，打消非遗传承人的顾虑，保证知识产权不受损失。

四是强化文化本位观念，坚持在确保社会效益的前提下提高经济效益。政府相关机构应该组织专家学者，参与非遗项目开发论证，充分挖掘非遗项目特有的价值，加强非遗项目的社会历史背景、文化特色、文化价值的介绍、传播与宣传。此外，在未来市场化的过程中，管理部门还要加强监管，严防非遗项目在开发、转化过程中的"三俗"化倾向，确保文化的传统性、真实性，避免"伪文化""假文化"的滋生。

三、非物质文化遗产的普查、认定与登记

完善评审标准，严格评审工作，逐步建立非物质文化遗产名录体系，对列入非物质文化遗产名录的项目，制订科学的保护计划，明确有关保护工作的责任主体，进行有效保护。对列入非物质文化遗产名录的代表性传人，要有计划地提供资助，鼓励和支持其开展传习活动，确保优秀非物质文化遗产的传承。

首先要对非物质文化遗产展开普查、认定和登记工作，全面了解和掌握这些非物质文化遗产资源的种类、数量、分布状况、生存环境、保护现状及存在的问题，形成科学的普查结果，该项工作重点在东三省及相邻的省区展开。根据业已掌握的资料，其大致状况如下所列。①口头传统以及作为文化载体的语言；②传统表演艺术（含戏曲、音乐、舞蹈、曲艺、杂

技等）；③民俗活动、礼仪、节庆；④有关自然界和宇宙的民间传统知识和实践；⑤与上述表现形式相关的文化空间（指集中开展民众传统文化活动的地点，或定期展现特定事件的时间）。

有些项目需要深入当地进行挖掘才能发现。例如正月十六"抹花迷子"。在黑河市南稍偏东75公里处的大五家子满族乡的"抹花迷子""轱辘冰"，改革开放后，黑龙江省依兰县把这种活动改为一种带有地方民族特色的体育活动，并以此为核心举办每年一次的"滚冰节"。类似的还有五月初五"露水洗脸"等。

有些项目虽然很有名，也有相当规模的成果出现，但仍然需要投入大量的财力物力继续挖掘整理。如说部是满族说唱传统"乌勒本"的继承，开始时以满语在民族内部口耳相传。由于满语的逐渐衰颓，出现了用汉语或满汉合璧的讲述形式。发展到20世纪中期，说部也沉寂在民间不为人知。在近几十年的时间里，人们搜集、整理了几十部说部，从而改变了说部的传承方式，使其从以在内部传承为主渐渐变为以特定地域为核心进行传承，其后再发展为"知识型"传承人的"文本传承"方式。说部与满族人对祖先历史的高度认同有关，与抢救本民族文化的强烈意识有关，也与说部传承人的个人、家庭记忆有很密切的关系。当代说部"知识型"传承方式的出现使说部得以以新的面貌呈现。

有些项目是动态的形式，需要以特殊的方式予以挖掘整理。如"神刀舞""抓鼓舞""晃铃舞"三个舞蹈形式，都是通过人物扮相、服饰、道具、舞蹈动作来反映节目内容的。

游艺是一种生活方式，又是一种文化。满族先民留下不少关于竞技活动的记载，有些项目至今仍在民间流行。据不完全统计，各地挖掘出的满族传统竞技项目已超过一百个。如，嘎拉哈、滑冰车、放雪坡、轱辘冰、雪地走、斗拐、冰陀螺、跑马城、珍珠球等。其中珍珠球这个源自满族人早期渔猎生活的游戏开展起来器材简单、场地随意、有攻有防，具有很强的观赏性。经过人们的挖掘、整理，如今它已经成为全国少数民族传统体育运动会的一个正式比赛项目，在全国得到推广。

第五章

游牧满族的文化现状

本章以满族屯满族乡这一满族与蒙古族两族共同生活、广泛接触的样本作为研究对象,以田野调查所收集的资料为基础,从文化比较之角度对当地满族人展开研究。这部分首先依据田野资料从命名、节日、饮食、语言、丧葬、住居等文化习俗方面进行现状描写,在此基础上总结该地满族在具体文化现象和心理认知层面的样态,综合考量文化现象阐释的客位视角与主位视角,从文化特征形成和心理边界建构与维持的角度,提炼当地满族的群体行为模式。

第一节　满族屯满族乡独具特色的历史文化

满族屯满族乡因满族人以畜牧业为生而颇具特色。因具备独特的历史背景与现实条件,这里的满族和蒙古族共同生活,文化上广泛接触。

满族屯满族乡,顾名思义因草原中居住的满族人而得名。这里的满族和蒙古族已在此共同生活多年,满族屯满族乡的现实条件与历史背景共同塑造了这一局面。

一、满族屯满族乡的基本情况

　　科尔沁右翼前旗满族屯满族乡位于大兴安岭南麓，西北是蒙古国，西与锡林郭勒盟东乌珠穆沁旗交界，北临阿尔山市，东与该旗索伦镇相连，总面积 4 318 平方千米。该乡下辖八个嘎查，乡政府所在地满族屯嘎查位于一狭长山谷地带，山谷间有一条季节性河流流过。气候属温带大陆性季风气候，年降水量 410～440 毫米，无霜期 100 天左右，日照充足，昼夜温差大。由于降水量、温度等自然条件适宜，当地牧草长势良好，纯天然草原达 280 余万亩，人均牧场面积广大，使该地具有从事畜牧业的天然优势。全乡人口中蒙古族占 62%，满族占 36%，汉、达斡尔、鄂伦春等民族占 2%。蒙古族人口数最高，但满族人口数亦远高于汉族等其他民族。该地在经济上以草原畜牧业为主，主体牲畜为羊及牛，也有少量的马。20 世纪 80 年代实行牲畜作价归户、草牧场划分到户的"草畜双承包"责任制，自此逐渐实现定居放牧。现在每户的草场是 20 世纪 80 年代按各户所有牛羊数量分配的，平均每户 400 多亩，多的人家有 1 万多亩。除畜牧业外也兼有从事养猪、养鸡、小规模农业的，近年也有从事小规模零售业、运输和旅游业的。全乡牲畜总头数 30 多万，有 630 个牧点（接羔场），牧点上住房、牛羊圈、水井等设施齐全。

　　满族屯的行政区划情况几经改变。日本侵略军占领东北时此地分属札萨克图旗乌兰毛都努图克，称满族屯嘎查。后改属于西科前旗第三努图克第二嘎查。1948 年东北解放后，隶属于乌兰毛都努图克，复称满族屯嘎查。1956 年 5 月，隶属于科尔沁右翼前旗乌兰毛都苏木乡。1958 年 9 月，隶属于乌兰毛都公社，改称为满族屯生产大队。1984 年 5 月 15 日，设立满族屯满族乡，辖 8 个嘎查（满族屯嘎查、阿拉坦敖都嘎查、特门嘎查、特布格日勒嘎查、白音乌拉嘎查、乌兰敖都嘎查、三岔嘎查、满都拉图嘎查）和 1 个社区（图布台社区）。

　　居民日常生活中常使用蒙古语交流，受文化水平、受教育程度等因素影响，40 岁以下的人基本掌握可顺利交流的汉语，年龄越大的人掌握汉语的熟练度越低，也有一些老年人完全听不懂也不会讲汉语。

二、满族屯满族乡的历史传说的版本分化

有关当地满族的来历，一般笼统的说法是满族屯王姓满族的祖先是当时随从满族公主嫁给札萨克图郡王的满洲后代，这些随从多从事木匠、瓦匠、铁匠、石匠等职业。但无论是整理当地人的口述内容，还是查阅地方志、论著等，笔者发现满族公主与额驸的实际身份及联姻时间、满族人具体怎么来到满族屯定居等内容在流传中出现了版本分化。

一个版本是皇太极时期，公主与札萨克图（今内蒙古自治区兴安盟科尔沁右翼前旗）郡王之子联姻。一说天聪八年济尔哈朗之女嫁与札萨克图郡王布达齐的五子诺日布。又说先嫁与诺日布的公主是寨桑武之女，名叫萨木嘎其其格，她成婚四年就病故，诺日布续娶了济尔哈朗之女，可能是为了纪念，就沿承萨木嘎其其格的名字。萨木嘎其其格公主带来许多满洲随从，被称为"60 户满洲"，当中有刘、董、白、高等姓氏，从事木匠、瓦匠、铁匠、石匠、金银匠等职业，负责服侍公主和额驸。其中王氏满洲送亲随从中公主的兄长完颜氏，其地位显赫，家族人口相对较多，并在长期生产生活中保持了家族语言及习俗特色。清朝公主与札萨克图郡王的联姻不止一次，据史料记载，清室先后有四位格格下嫁札萨克图郡王布达齐的两个儿子诺日布和多尔济，但后来广泛流传的是诺日布台吉和他所娶的公主萨木嘎其其格的故事。公主与额驸一直居住在阿给纳尔努图克阿贵桑日布一带，后代迁至图布台扎拉嘎，历经多年自认是满族完颜氏后代的王姓满族人成为满族屯的一支庞大的家族。

另一版本是康熙年间诺日布台吉与萨木嘎其其格公主联姻。根据《科尔沁右翼前旗志》和当地传说，康熙六十年（1721），札萨克图旗的摔跤手诺日布仁钦因在图什业图旗哈日诺尔的比武中夺魁，被康熙皇帝招为额驸，结婚后与公主及随从从京城回到札萨克图旗，沿洮儿河游牧。他们去

世后，后人及随从于道光二十年（1840）来到图布台扎拉嘎，繁衍生息，后代就是今天满族屯满族乡的满族人。晓春在论文中提到诺日布仁钦和萨木嘎其其格公主的传说流传很广，但他考证认为满族人来到满族屯的时间应在清入关前。吴伟伟的论文中结合佟靖仁的观点得出类似的结论：诺日布台吉和萨木嘎其其格公主相继离世后，儿子在王爷庙东郊的山坡下修建了一座陵墓，俗称公主陵，公主的后人直到民国每年腊月二十三都去祭奠。清末各旗放垦，公主的后人就率领家族离开王府和公主陵开始游牧，在满族屯定居下来。但对于满族姓王的解释略有不同：公主的额驸敖力布（诺日布）为博尔济吉特氏，本应姓包，但满族屯的公主后人却沿袭姓王，是因为他们是公主的"包勒"，仆随主姓，只能姓王。

当笔者询问当地居民王新吉如合（满族）满族屯的来历时，他给出的说法与上述两种皆不完全相同："你说的最初萨木嘎其其格公主嫁给札萨克图郡王后带着随从来到满族屯，其实不是这样的。札萨克图郡王的封地最开始在嫩江十旗，那个地方还挺大的，现在黑龙江省的齐齐哈尔都是嫩江十旗。大清国成立的时候，这个札萨克图郡王打吴三桂还是打什么仗时立过战功，清朝皇帝给他封地，直到洮南那边都是郡王的封地，以前郡王的王府在齐齐哈尔那边叫 burkhas 的地方，现在叫什么我就不知道了，我没到过那边，札萨克图郡王他本来是明朝末期的蒙古贵族，娶公主的事应该是有过的。然后到了清朝末年，为了躲避大清和俄国的战争，郡王家的人就从齐齐哈尔跑到了洮南，一边放牧一边生活，最后就留在了满族屯这个地方，那时候这不叫满族屯，后来因为我们满族人多才叫的满族屯，那时候这边又偏僻又没人。当时跑的时候还有其他满族人，有姓佟的满族人，但他们都留在了洮南、齐齐哈尔那边，没一起过来。满族屯的满族人是公主及随从的后代不假。这些满族都有旗，还有官衔，有的比旗王爷还高，你看那个后来满族屯三大富人，申普勒梅林和南忠扎兰，他们都有官衔，所以（旗王爷）不咋管这些满族人。清朝的时候，公主随从除了伺候公主生活，还有一个重要任务，就是监视郡王，可能不放心，到后来去满族屯的时候，郡王就已经没有什么实力了，民国时这儿的满族就都改姓王了。"

综上，满族屯的来历在口耳相传和史料记载中出现了版本分化，造成说法分歧的几个关键问题是公主和额驸的身份与联姻具体时间、公主婚后在何地生活、满族人都姓王的原因、最终定居在图布台扎拉嘎（满族屯）的时间，但可粗略总结出各个版本都存在"满蒙联姻、陪嫁随从、迁移至图布台"几个共性要素。

三、结合历史文本的考证

史上地处于漠南蒙古东部的科尔沁部是最早与满洲建立友好关系的蒙古部落。当时，科尔沁右翼蒙古的三大领主是奥巴、布达齐、图美。这三个人或他们的儿子，后来成为科尔沁右翼三旗的札萨克王公。

崇德元年（1636），清政府对归附的蒙古诸部按满洲牛录组旗，建立盟旗制度。"凡蒙旗，扎萨克为一旗之长，制如一品，与都统等。其辅曰协理台吉。属曰管旗章京，副章京，参领，佐领。蒙语管旗章京曰梅楞，参领曰札兰，佐领曰苏木。"[①] 嫩科尔沁部首领布达齐因多次随皇太极征战，功勋显赫，获该旗札萨克职，封札萨克多罗札萨克图郡王爵，诏世袭罔替，为科尔沁右翼前旗札萨克领主。因此该旗也被俗称为札萨克图旗。光绪七年（1881），嗣子乌泰袭札萨克，成为末代札萨克图郡王。

满蒙联姻是满族屯形成的重要背景。清朝统治者对蒙古诸部采取不同的辖治政策，对喀尔喀蒙古实行盟旗制度，对厄鲁特蒙古实行外札萨克制度，以加强对蒙古贵族的安抚笼络，特别是将漠南蒙古编入八旗，使其成为后金的军政支柱之一。入关后，通过联姻使其与中央王朝的权贵之间变成儿女亲家，成为一种永久性的带有血缘关系的贵族联盟，成功解决了中国历史上几千年的北方游牧民族难题。满蒙联姻贯穿清朝三百余年，是清朝政府用以巩固对蒙古统治的重要手段。三百年间"满蒙联姻共 595 次，其

---

① 《二十五史全书》第 10 册《清史稿》，内蒙古人民出版社 1998 年版，第 1430 页。

中出嫁给蒙古的公主、格格达 432 人次，娶蒙古王公之女 163 人"①。

尤其是科尔沁部，多次与清朝王室缔结婚姻关系、立下战功，在蒙古诸部中地位突出。"先是科尔沁内附，莽古斯以女归太宗文皇帝，是为孝端文皇后。孙乌克善等复以女弟来归，是为孝庄文皇后。曾孙绰尔济复以女归世祖章皇帝，是为孝惠章皇后。科尔沁以列朝外戚，荷国恩独厚，列内扎萨克二十四部首。有大征伐，必以兵从，如亲征噶尔丹，及剿策妄阿喇布坦、罗卜藏丹津、噶尔丹策凌、达瓦齐诸役，扎萨克等效力戎行，莫不懋著勤劳。土谢图亲王、达尔汉亲王、卓哩克图亲王、扎萨克图郡王四爵俸币视他部独增，非惟礼崇姻戚，抑以其功冠焉。"②

尽管版本衍生复杂，但可确定满洲公主嫁给札萨克图郡王应该是确有其事。关于公主的身份、联姻的时间，在《札萨克图郡王旗满族那拉》一书中曾做出如下考证。

天聪八年（1634），皇太极将堂弟寨桑武次女嫁与布达齐之子诺日布台吉，这位满洲格格的生母是寨桑武的继夫人完颜氏，是继嫡妻，所以她所生的这位格格身份也很高。寨桑武是努尔哈赤胞弟舒尔哈齐之子，死于天命十年（1625）。当时他的二女儿仅 9 岁，由他的叔父济尔哈朗抚养，天聪八年 18 岁时出嫁诺日布。可惜婚后 4 年在崇德三年（1638）故去，年仅 22 岁。4 年后的崇德七年（1642），郑亲王第三个嫡福晋蒙古姑尔哈苏氏卓礼克图塔布囊之女所生的女儿，封和硕格格，即郡主，这位郡主死于清入关后的康熙三年（1664），34 岁。诺日布台吉死于康熙二十六年（1687）四月，当时已逾古稀之年。此后的乾隆四十四年（1779）又有一位皇家格格出嫁科尔沁右翼前旗，是康熙皇帝的曾孙多罗贝勒永瑗之女，这位格格的生母是汉族人苏氏，庶出，格格封乡君，比郡主低 4 级。娶这位格格的是科尔沁右翼前旗札萨克图郡王达端多普，他是布达齐长子札萨克图郡王拜斯噶尔的五世孙。当地传说，他们是与诺日布仁钦结婚的公主

---

① 孙福何：《从避暑山庄及周围寺庙看清代少数民族政策》，载《河北民族师范学院学报》2012 年第 3 期。

② 《二十五史全书》第 10 册《清史稿》，内蒙古人民出版社 1998 年版，第 1429 页。

的后人，很有可能就是嫁与诺日布的两位皇家女——寨桑武次女、郑亲王济尔哈朗之女郡主的陪嫁户的后裔。

结合历史文本与调查中当地人的口述，笔者认为书中对"公主和额驸的具体身份"及"成婚的确切时间"两大关键问题的考证结果是比较令人信服的，这两大问题的解答基本上回答了满族屯来历的谜题。但公主及陪嫁户的后人都曾在何处生活、辗转迁移来到满族屯的原因等问题似乎难以凭借当前掌握的资料进行准确判断。

由上可知，如对历史传说的版本分化研究考证，可基本确定这些满族人的祖先是陪嫁户的后人，随公主出嫁来到额驸封地生活，或因某些原因辗转迁移，最终落脚在满族屯繁衍生息。当地蒙古人称他们为 manju - nar，意为"满洲人们"，他们也广泛接受并以此自称。这一称呼也被转写成"满族那拉"等汉字形式，被用于地方志、研究专著中指称满族屯的满族人。图布台扎拉嘎这个地方也就因满族人居住于此而被称作"满族屯"，后来在行政区域划分中就成为这里的地名。

由于王姓满族"同姓不婚"的限制，当地王姓满族基本上选择与蒙古族人结婚。因而，当地绝大多数所谓"满族人"，其父母一方肯定是蒙古族人。然而，当地满族在语言、生活、生产等方面虽与蒙古族高度趋同，但在这种广泛接触、高度趋同的情况下仍然存在各自的认同界线。

综上所述，当地人一般笼统地认为自己是当时随从满族公主嫁给札萨克图郡王的满洲后代。我们可以推断，此地满族人的祖先是陪嫁户的后人，随公主出嫁来到额驸封地生活，或因某些原因辗转迁移，最终落脚在满族屯繁衍生息。由于认为有共同祖源，此地王姓满族奉行"同姓不婚"。满蒙联姻等历史背景和从事畜牧业等自然现实条件是满族屯满族乡特色文化形成的重要前提。

第二节　文化特征与认知心理

满族屯满族乡的满族和蒙古族在多年的广泛接触和文化演进中，显然无法保有某一文化的孤立性,这种情况下文化及其他客观性特质的分布往往表现出同质化特征,交往交流交融倾向明显。

本节将结合田野调查的所见所得,呈现具象可感的生活方式、文化习俗等文化特征,抽象层面的认知心理等内容。

一、满族屯满族乡的文化特征

本节以田野调查所获资料的整合为主,尝试参照民族志的写作手法从命名、节日、饮食、语言、婚姻、丧葬、住居、服饰等方面对满族屯满族乡的生活方式与文化习俗进行描写,从中归纳提取满族屯满族乡的文化特征。

(一)命名特点

在生活方式和文化习俗方面,首先可观察到其命名上的特点。目前,满族屯满族乡的满族人基本使用蒙古语名字,但相对于蒙古族冠姓与否的随意性,满族人大多会将姓冠于名字前。例如,蒙古族名字有金虎、巴特尔一类不冠姓的,也有包哈申一类冠姓的,而满族人则如王固其乃、王宋来、王翁胡拉、王恩和等,多由"王"姓加上蒙古语名字构成。走访调查时,当问到"如何区分当地人是满族还是蒙古族"时,往往会收到这样的回答:"他们(满族)都姓王","姓王的都是满族人","(当地)满族人没有别的姓,他们都是老王家","我们(当地满族)姓王,蒙古族姓包"。可见王姓是当地人区分彼此民族身份的一个重要手段。

(二)节 日

据报道人提供,满族屯一年过的节日有腊月二十三、春节、清明、五月节、八月节、四月十九祭敖包等。满族既有与蒙古族、汉族接触后接受的节日,也有自己独有的节日。

首先是正月十六的抹黑节。当地人普遍表示亲历过满族人家过抹黑节，且认为其为满族所独有，蒙古族、汉族并无类似的活动。如报道人王新吉如合（满族）、巴图敖其尔（满族）、金某（蒙古族）、金虎（蒙古族）都提到这一节日。金某，1958 年生人，对正月十六抹黑脸的描述尤为生动："我家里妈妈是满族，姓王，爸爸是蒙古族。我小的时候过过抹黑节，那时候家里人多，都住平房，冬天烧炉子，那时候过完十五，正月十六这天就跟我的姨和舅舅起个大早，用锅底灰、炉子灰啥的趁我爸睡觉时往脸上抹，我爸爸睡醒了也拿我们没办法。"

其次是五月节、八月节。满族普遍庆祝五月节（五月初五），也庆祝八月节（八月十五）。

最后是小年和春节。这是当地各民族共有的重要节日，当地满族、蒙古族都会在小年祭火。然而，不止一位报道人强调，两个民族在过春节和小年的具体时间上存在差异：满族农历腊月三十过春节，腊月二十三过小年，而蒙古族则分别是正月初一和腊月二十四。20 世纪 90 年代从乌兰毛都迁来满族屯的蒙古族人郭某也证实说"这里的姓王的满族人过年比别的人早一天"。满族人共同庆祝春节的仪式是：腊月三十晚上开始，由家中一名长辈携家中晚辈骑马到亲友邻里家中逐户拜访，必须带一壶酒、一只酒杯和一碗饺子，拜年时男性行打千礼，女性行扶鬓礼，长辈给晚辈压岁钱。报道人张文秀（汉族）的侄媳是 25 年前从索伦镇嫁来满族屯的蒙古族，她向我们描述刚嫁来时对满族拜年的新奇感："我刚过来时，后院邻居就是满族，她们（当地满族）女的过年时屈膝摸鬓角向长辈行礼，我还奇怪她们是干啥呢，满族人过年有意思，家族大的能有好几十人，一起去老人那儿拜年，院子里都站不下，女的（当地满族）还结伴去雪地里溜达，现在看不着了。"晓春与季文慧的研究也可佐证，满族屯的节庆习俗保有科尔沁蒙古族的传统，其中满族人也延续了自我独有的部分习俗，表现出双重性的特点。

从以上叙述来看，由于当地两个民族日常接触频繁，有些节日习俗趋近相同，但在对节日的态度、庆祝的方式，以及庆祝的时间上，还存在一些差异，家族传承的方式保持着一些差异。

（三）饮食习惯

在饮食上，当地满族和蒙古族都依托畜牧业，以羊肉、牛肉和奶制品为蛋白质的主要来源，奶茶、炒米、乌日莫（酸奶油）、奶豆腐等是招待客人常见的食物。所种植食用的作物有玉米、谷物、土豆等，其烹饪方式及主要食物种类亦在一定的地理区域内大体趋同。谈及以前的饮食，张文秀老人说："过去满族人和蒙古族人不会包饺子，他们平时吃面条，（做）面条也不用面板，用手搓面条，吃起来很劲道。以前这水大，有鱼，河套里的鱼最大有一米长，现在大的也就一斤多，我总下网捞鱼。"

（四）语言

当地常用语言是蒙古语科尔沁方言和汉语。常用语言中存在个别词语的差异，《札萨克图郡王旗满族那拉》一书中列举了存留于满族屯日常使用中的满语词语 135 个。当地人关于词汇差异也提供了很多信息。①

金虎，男，蒙古族，1975 年生人，他介绍满族、蒙古族在亲属称谓上存在差异，据他口述："满族人和蒙古族人在家里叫的不一样，满族人管爸爸叫 aab，妈妈叫 umee，舅舅叫 nakcee aab，姐姐叫 gege，但不同人家里他们的叫法也有的不一样。我小时候刚搬过来，就听不懂这儿的一些话，满族屯说话有的好像不是科尔沁蒙古语。"

噶恩岗，女，满族，1998 年生人，父亲是满族，母亲是蒙古族，她认为满族和蒙古族没有语言上的差异，也就是在老一辈人里存在一些，她说："我奶奶那辈人管姐姐叫 gege，还有太奶叫 tietie，我们这代人很少这么说了，姐姐叫 ecee、aaj 都行，我的同学里有满族，有蒙古族，平常在一起的时候不太区分这些。"

金某，女，1958 年生人，父亲是蒙古族，母亲是满族，据她口述：

---

① 下文涉及的词汇信息意在将当地词汇与共同语的异同简单比对，因而未使用 IPA 记音，而是分别参考穆麟德夫满文转写和鲍培氏蒙古文转写方案简要记录。报道人提供的口语语料与书面语或有出入、讹误。

"蒙古族说话和满族一样，也就亲属称谓上有差别，满族人管爸爸叫 ama，管妈妈叫 eme，姐姐叫 gege，哥哥叫 aga，现在分着叫的也少了，孩子们知道这些的不多了。"

王新吉如合，男，满族，1982 年生人，父亲是满族，母亲是蒙古族，他认为当地满语词遗存仍有许多："虽然说话上大家都一样，但是满族人还是会说一些不一样的，不少，你看爸爸、妈妈、哥哥、姐姐就都不一样，我们满族叫 ama、eme、age、gege，姐姐 gege 就是满语。再有就是地板这个词 palang，别的地方都不说，就我们说。再有炕是 lahang，烟囱 hulang，满族屯后面那个山就是 hulang 山。还有就是嘎查达就是村长，da 是长官的意思，我们满族人称奶奶一辈的人为满族 taitai。抽烟也不一样，蒙古族愿意用 dameng tatah（吸烟），而 dameng om 是满族这边的说法。"

德力根巴雅尔，男，1949 年生人，满族，妻子姓包，是当地蒙古族。德力根巴雅尔老人认为当地语言有很多是满语词汇："我的孩子都叫我 ama，他们管妈妈叫 umee，还有地板是 palang，这个词肯定是满语，因为和蒙古语不一样。其他的还有枕头 cirk、炕 lahang、棉袄 pam 都是满语。我记得抽烟也不一样，满语是 damga om，om 这个词有喝的意思，而蒙古语用的是 damga tatah，tatah 就是吸的意思。当地满语和蒙古语还有一些相同的，如 gala 是手，deo 是弟弟，mergen 是聪明人，国家是 gurun，老师是 baksi，tanggū 百，minggan 千，也就这些了。"

结合报道人叙述和直接观察，笔者将存在明显差异或当地蒙古语没有对应的词列在下表。个体发音差异用斜线隔开。

词义	表达方式 1	表达方式 2	表达方式 3
爸爸	aab	eij	jeej
妈妈	eej	umee	
爷爷	yoyo	ebuk	

奶奶	nyenye	emek	
舅舅	juju	nakcee aab	
舅妈	jumu	nakcee umee	
曾祖母	tietie/taitai		
哥哥	aah	aga	
姐姐	ehcee	aaj	gege
嫂子	bergen	uhei	
火炕	hangs/hangc	lahang/lakh	
枕头	dere	cirk	
棉袄	hurem	pam	
火盆		tansik/tancik	
烟囱		hulang	
地板、地面		palang/paleng	
吸烟	tamga/tameng tatah	tamga/tameng om	

一般地说，上表描写的不同的表达方式意味着词源的多样化，报道人一般认为表达方式1基本上是蒙古语，其他的是满语。与蒙古语不同的部分，其词源究竟是语言替换进程中满语的底层，还是当地科尔沁蒙古语方言的留存实际上难以断言，但报道人倾向于将两种形式分别解释为"蒙古语词"和"满语词"，并且能够明确区分满语词和蒙古语词。

亲属称谓词的两套系统，产生原因难以用是"蒙古语词"或"满语词"概括定论。亲属称谓词作为一个语言词汇系统中的核心词汇，固然是难以因语言接触、语言替换等原因发生改变的，但不可忽视的是亲属称谓也容易以家庭为单位呈现个体性的差异。有的可能是出于蒙古语历时演化进程不同造成的地域方言差异，有的可能是汉语的借词，有的可能是满蒙同源词等。值得一提的是"姐姐 – gege"的对应关系，这个词与满语 gege（姐姐）对应，在日常使用中呈现出老人使用较多、年轻人使用渐少的趋势，这也暗示这一词很可能是满语的残留。"嫂子 – bergen – uhei"对应关系中，uhei 与满语"嫂子"aša 无明显语音对应关系，但却被当地人解释为满语词，或许其词源是蒙古语等其他语言，在演化中语音形态改变，被当地人视作了满语残留。

"火炕 – hangs – lahang"的对应关系里，hangs 很像蒙古语借用汉语词"炕"后加上符合本族语言发音习惯的音节，lahang 或与满语 nahan（炕）对应。"棉袄 – pam"中 pam 或与满语 pampu 对应。"枕头 – cirk"或与满语 cirku（枕头）对应。"火盆 – tansik""烟囱 – hulang""地板、地面 – palang"没有蒙古语说法，很可能分别是满语的 dabukū（炉、火盆）、hūlan（烟囱）、falan（屋内的地）。这些词的共性是，都是表达满族日常生活中特有的或蒙古语没有对应名词的事物。

吸烟的两种表达方式的差异在于动词的选用。tamkhi tatakh 是蒙古语的固定搭配，om 应该是由满语 dambagu omimbi 演变而来。omimbi 意为饮、喝、吃，dambagu omimbi 在满语中已固化为"吃烟、吸烟"的短语，但对于蒙古族人来说或许觉得字面意义有些奇怪。因为烟草 tabacco 作为外来语以音译的形式进入满、蒙语言，单纯分析语音形式似乎难以断定是源于蒙古语还是满语词。不过参考蒙古语标准语烟草为 tamkhi，而察布查尔县的锡伯语口语中烟草一词发音是 dameng，或可为推测词源提供一点根据。

（五）婚俗

当地满族婚俗突出特征之一是王姓满族"同姓不婚"。满族屯的满族人认为他们是一个大家族分支出来的后代，大家族分家时分成了九户，每个满族人都对自己源自哪一户十分了解，德力根巴雅尔（满族）介绍说：

"满族屯的满族分九家,老大就是一家,老二是二家,老三就是三家,就这么排,六家有大六家和小六家两个,因为老六娶了两个媳妇,两个媳妇生的孩子就分成大六家和小六家,没有八家,因为老八是女儿。九家是大户,满族人讲究老儿子养老嘛,九家养着父母就继承了财产,所以逢年过节、祭祖之类的聚会也是其他八家的人去九家。"王固其乃(满族)口述:"我们满族(当地王氏满族)都是一家人,都有亲戚,各家之间不结婚,老王家(满族)一般跟老包家(蒙古族)结婚,他们在这也是大家族,因为以前老包家(当地蒙古族)是王爷本家,人很多,过去满族结婚会跨火盆,新媳妇给家里老人点烟,那时候老人都抽烟袋,完了结完婚第二天给男方亲戚家点火,再也没啥了。"据上文描述,因为认为是一家人,所以姓王的满族之间不可以结婚,奉行严格的"同姓不婚"的外婚制。

婚礼习俗上有新媳妇婚礼上跨火盆、为长辈点烟,婚礼后第二天早晨有为居住地各家亲戚点火等习俗,但随着时间的推移,现如今这些习俗有的渐渐消失。

（六）宗教信仰与丧葬习俗

当地满族人有的会在家中供奉佛像,去乌兰浩特市区附近的葛根庙、王爷庙参与法会、庙会等宗教活动。据张文秀口述:"信佛的人搭伴去葛根庙,有的还住好几宿,庙里有吃有住,挺热闹。"

除此之外,萨满信仰的泛神论过去在满族人心中也普遍存在,巴图奥其尔(满族)口述:"以前打猎进山前要先祭拜山神,请山神保佑自己能打到猎物。祭品一般来说没有什么要求,有的敬烟,有的是烟、酒、奶食,满族屯这边山多,猎物也多,索伦镇那边有个索伦山,以前有达斡尔人住,就叫索伦了,他们也打猎,以前家家都有猎枪。"张文秀老人对此也回忆颇多:"以前打猎,狼、熊、野猪都有,打猎有打猎的规矩,不能瞎打……"

泛神论主张万物有灵,据称,过去持有这种观点的满族人认为不可肆意滥杀,比如打猎不打怀孕和太小的动物,砍树不能砍太细的、没长成的木头，不能过分贪婪，以免亵渎神灵。走访时，当地人金某（蒙古族）说："满族屯这块儿人好，有时候在山上能捡到小狍子，从来不杀，都带到家里养着，有的太小还得喝羊奶。"这实际上也是过去以打猎为主要生计之一的时候为维持生态平衡的一种解释体系，但他们认为这些信仰近年表现出逐渐不明显的迹象。报道人巴图奥其尔提到，过去蒙古族人中曾有博 boo（萨满）。报道人金虎则称以前当地有过做萨满的满族人，但目前不存在了。

敖包也在当地人信仰体系中具有重要功能。满族屯嘎查北面的山上建有一座敖包，位于满族屯嘎查敖包公园内，名为查干敖包，查干为蒙古语 chaɣan，意为白色。敖包祭台上有祭祀品若干，大多是糖果、饼干、水果、奶制品、白酒等日常食物。敖包正前方立有石刻神像一座，刻有蒙、藏、汉三种文字的"查干敖包风水守护神"。据当地居民介绍，传说中查干敖包是由公主的陪嫁随从游牧到图布台沟时所建，距今已有几百年历史。后来因行政区划变动等原因，查干敖包所在地划归索伦镇。1999 年 4 月 19 日从索伦镇的红光五队迁移至满族屯嘎查后面的北山，2007 年又成立了敖包协会，以规范管理祭祀集会等事宜。敖包协会成员以满族人居多。除这一敖包外，满族屯属地内尚存有一些小规模敖包，多数立在山坡顶部，路过的人也会捡起石块加以垒建，有些敖包已有几十年历史，可见敖包信仰在当地人心中是十分重要且必不可少的。

在丧葬习俗方面，当地满族会在坟前插上佛托（fodo 柳条）以表祭奠。另外，还会在佛托上系上写有六字真言的白布条。另一个丧葬习俗则是，出殡时要以脚在前、头在后的方向，从窗户抬出房屋，而不能走门。然而，据提供此信息的几位报道人讲，这些丧葬习俗在满族与蒙古族中都有保留，不过他们都认为这原本是满族的习俗。

（七）住居

住居方面，当地居民过去都住在蒙古包内，现如今改为政府统一建造的砖瓦房，也有少数居民住在楼房内，楼房位于乡里的中心地带，平房则分布在四周。在走访时发现，当地人所居住的平房生活空间较大，坐北朝南，设有菜园、畜栏、猪圈等附加场所。夏季时乡里房屋往往会空置，牧民多在畜牧点居住，当地年老牧民王固其乃表示"还是在（畜牧）点上生活舒适，视野开阔"。根据报道人的回忆，过去住在蒙古包内时，满族家庭都会在家中建有"万字炕"，即沿室内周边砌有火炕，屋内生有火盆。万字炕空间的分配表现出满族特色，例如以西炕为上位，尤为尊贵，平时西炕上供奉祖先画像和家谱，一般家中长辈或客人才可以进入西炕的空间范围。在当地走访时，不止一位报道人称，儿时有过在满族人家被告知禁止在西炕坐卧、触碰西炕上物品的经历。张文秀老人口述说："过去满族人家里规矩大，小孩儿进屋不能踩门槛，在屋里手不能乱摸乱碰，尤其是西炕那边，满族老太太重视这个。"又有巴图奥其尔老人口述："过去满族人家里有西炕，炕上要干净，不放东西，衣服也不放。"可见在以往的生活中，满族人以西为大的传统习俗在满族屯当地保持较好，口述人提及西炕禁忌方面记忆尤为明确，这也说明了西炕在满族老人心中的地位是不容侵犯的。目前政府为凸显满族特色，在乡里部分砖瓦房外重新建造了旧式满族特色烟囱，立于房子的一侧。

（八）服饰

据当地年龄较大者回忆，以往满族人不分四季均穿长衫，外罩长袍。冬天多用羊羔皮或棉布缝制长袍，十分保暖，适合外出放牧；夏季服饰材料以棉布和绸缎为主。男子扎腰带，女子不扎腰带。随气温变化可在长衫外加坎肩。当地居民平时喜欢戴着帽子，材质多是羊羔皮、毛毡等，如今多以现代风格为主。穿手工缝制的皮靴、毡靴、布靴等。金虎（蒙古族）说以前满族和蒙古族穿衣服不一样，满族穿的衣服里面分上下两截，靴子制式也和蒙古靴不同，相比之下满族穿的靴子有鞋跟厚、鞋头平的特点，在此处金虎还特意说了一句："他们（当地满族）以前的衣服就那个电视里一样。"王新吉如合（满族）提到自己按照老照片中服装制式定做了满族袍子、靴子，也说明过去他们在服饰上的差异。

二、满族屯满族乡人们的认知心理

在通过观察、访问等方法探究人们在生活习惯、文化习俗上是否存在差异的同时，笔者也在调查过程中观察每个人对自己和他人民族身份的认知情况。

（一）当地满族的身份认知情况

当地满族基本都了解自己的民族身份，有的说从小家里就告诉他，他是满族人，有的是上学后了解到自己是满族人而不是蒙古族。噶恩岗说："我是满族，我从小时候就知道自己是满族，屯子里每个人也都知道谁是什么族。"在田野调查过程中，当地满族得知笔者也是满族人、来到此地是为了调查学习满族人的情况时，表达出喜悦、认同的情感，有的还表达了也想要学习满语和满族文化知识的意向。可见他们在混居的环境中，借助家庭教育、学校教育、自我觉察等方式对民族身份有明确认知和归属。

当笔者提出"你觉得这儿的满族和蒙古族有什么不一样？"一类问题时，一般当地满族都会表示没什么不一样的。王固其乃说："我们满族话都不会了，还说啥呀，我们都说蒙古语，可能老人会说满族语。"噶恩岗说："我们这儿的满族都是蒙古化的了，跟蒙古族没有区别。"王新吉如合说："满族没有自己的语言了，以前家里有满语书，那时候老人会，没往下教，我们都不会说。"但随着谈话内容深入、心理距离拉近，几乎每个满族人都能在生活习惯、文化习俗乃至性格特征等方面认识到与蒙古族的差异，并对此进行解释。这类似于语言学"习焉不察"的说法，语言使用者难以主动察觉语言现象及其背后的规律，但语言规律却是客观存在的。生活在多民族混居区域的满族人对本族语言的弃用多少是带有遗憾心情的，因而多将不会说满语作为没有差异的首要表现。

王新吉如合在满族身份的认知上颇具代表性。王新吉如合，1982年出生，父亲是满族，母亲是蒙古族。妻子是蒙古族，二人有一个七岁的女儿。他说:"从小就知道自己是满族人,很认同这个,家里长辈会讲这些家族过去的事,我平时也喜欢看一些满族历史,我们满族过去都是旗人,土地多,牧场好,家里牛羊很多,满族屯是后来定居才留在这儿的,我们家族以前是大巴音,家里的满语书就有两个蒙古包那么多,我听家里老人说,以前学校都教满语,后来就不教了。我们满族以前是公主的人,地位很高。"王本人在口述过程中表示,他爱好射箭,希望学习满语。王新吉如合是牧民,家里牲畜有羊和牛,摩托车的普及使得养马的越来越少,他提到在卖掉家中所有马的时候特意留下一匹以练习骑射。他穿上了在乡里成衣铺定做的蓝色满族长袍和按照老照片制作的帽子、皮靴,戴上扳指展示他的角弓和箭头。满族制式的服装用于参加那达慕、周边城市的射箭比赛、婚礼和拜年等重要场合。对于满、蒙之间的差异,王的观点是,虽然平时生活上、语言上没什么差别,但大家心里都知道是不一样的。

一些满族人认为满族和蒙古族外貌上有差别。王新吉如合说:"相比蒙古人,满族人脸更长。满族小孩刚出生时身上有青斑,满族家庭会给小孩睡平头。"王翁胡拉说:"蒙古族人颧骨大,满族人一般有鹰钩鼻。"王恩和也认为满族人长相的特点是脸长。

性格差异也被不少满族人所提及。巴图奥其尔认为满、蒙性格存在差异,满族人"脾气不好",蒙古族人"脾气好";而王新吉如合则认为满、蒙性格基本一样。

(二) 当地其他民族的身份认知情况

当地蒙古族对满族屯的历史和满族的身份是了解的。他们认为当地的满族人是跟满族公主出嫁过来的。初到满族屯时,饭店老板、超市老板虽是蒙古族,但得知我的来意后向我介绍某某家是满族。我问:"你们是怎么知道谁家是满族的?"他们表示生活在一个屯子,心里就是知道。这种区别我族与他族的方式或许是出于显性的姓名、外貌等要素标记,也或许是出于一定区域内邻里、家族长期熟识而形成的隐性的标记。

金虎出生于 1975 年,是随父母后搬来满族屯生活的蒙古族,已在满族屯生活二十余年。他回忆自己刚来满族屯时觉得这里的人和自己说话不一样，有的他听不懂，可能不是科尔沁话。他说刚搬来时觉得满族老人性格严厉，尤其是祖辈的女性，一般称为满族太太。"她们太严肃了，不能乱动她们的东西，跟她们（当地满族）小孩玩的时候，都不能说脏话，满族人爱干净，家里收拾得很好。"他说满族人家礼节很多，管小孩很严格，吃饭都要先给长辈盛饭，长辈吃完了别人才能吃。他认为现在满、蒙在长相上看不出差别了，六七十岁的人还是看得出不一样的，满族人脸更长、鼻子也钩一些。

张文秀作为满族屯的数量极少的汉族人之一，又是当地最早迁来的外来户，他对满族和蒙古族的描述和认知为研究提供了一种新鲜的视角。张是祖籍山东的汉族人，其妻子为蒙古族。他自述约在五岁时（1948 年）从吉林白城来到满族屯，没接受过学校教育。他说自己能讲熟练的蒙古语，并按蒙古族的习惯生活，他自豪地说自己"蒙古话说得跟蒙古族人一样，对蒙古族的传统习俗懂得比年轻人都多"，认为已与本地蒙古族人无异。据张文秀回忆说："我五岁跟我家里人搬到满族屯，来的时候不会蒙古语，也分不出这里的满族人和蒙古族人，也没这个想法，后来总跟小孩玩，我就会说蒙古语了，我说的跟他们（当地人）一样。后来我长大点，给这个满族屯大户看羊，是满族人家，家里的老太太很厉害，管小孩，我小时候听话，这个老太太（满族）挺喜欢我。满族人女人管家，媳妇是家里最厉害的人，大事小事都说了算，家里规矩多，长辈吃饭时，小孩不能上桌，都去旁边跪着等，走道见着老人要行礼，不然就得挨骂。"从张文秀老人的口述中，能总结出以下几个信息：张文秀认为满、蒙之间还是存在较大差异的，"满族是满族，蒙古族是蒙古族"；满族人家的规矩曾十分繁复，见到长辈要行礼，饮食礼仪也较为复杂；满族家庭内男女地位、权力相同，女主人甚至是家里"最厉害的人"，掌管家事。

三、满族屯满族乡的文化趋同及差异

（一）具象层面

经上一节论述可知，满族屯的满、蒙两民族长时间混居的历史背景与满族王姓"同姓不婚"的外婚制度共同造就了当地满族、蒙古族生活方式与文化习俗高度趋同的现状。但不可否认其中的确存在着细节差异。如典型的小年与春节的过节时间就出现了"王姓满族人家与蒙古族人过年时间不一样"的分化，又如满族拜年长幼间礼节较烦琐，男子行打千礼、女子行扶鬓礼的传统。信奉藏传佛教和祭拜敖包的文化是当地共有的，但将查干敖包视作满族敖包，每年固定时间举行大型祭拜仪式，赋予其特殊地位。

在此基础上，一些现象其实已成为区域的文化特征，实际上难以考证它们源于哪一族的历史传统，但会被当地人解释为满族专有的。如多位报道人提到正月十六的抹黑节，尽管蒙古族人家与满族人家都会以家庭为单位将这一传统习俗进行代际传播，但他们会强调"这是满族人的节"。事实上，还有其他一些少数民族也有抹黑节。又如丧葬习俗的使用坐棺、插柳条祭奠、出殡从窗户送出而不能从门送出等细节实际在东北其他地区也存在分布的情况，但满族和蒙古族报道人都认为这是满族独有的习俗。

类似的，饮食文化受限于地域特征，易在接触和交流中发生融合。饮食结构与当地物产和经济模式息息相关，饮食习惯一般以家庭为单位代际传递，广泛地看，各族饮食文化都可理解为区域文化。这种情况下禁忌被用以表达自我与他者的差异。

此地常用语是蒙古语，但是据观察和一些报道人佐证，满族屯使用的蒙古语与周边的科尔沁方言存在语音层面的差异，这可能是由于满族屯地理位置较封闭导致语言演化趋势与科尔沁其他地区不同。当地表现出试图将一些词汇层面与通用语的差异解释为语言替换后残留的满语底层的倾

向。例如一些亲属称谓词和事物名词。像"地板、地面",当地用"palang"一词,"火炕"用"lahang"或"lak","枕头"用"cirk"等,均与蒙古语无法对应。或可与满语的 falan(地板)、nahan(火炕)、cirku(枕头)对应,体现出语音历时演变上 p−f、l−n 的对应关系,表明这些词很可能是满语的残留。但还有一些实际上难以排除语言借用、同源词等其他因素的词语,不能一概断言是满语残留。

(二)抽象层面

除去具象层面的以差异标记人群特征,在情感认知、身份认同和对不同人群的情感态度中也可提炼出抽象层面异同点。

身份是在心理学上构成一个人(自我身份)或群体(特定的社会类别或社会群体)的特质、信念、个性、相貌和表达。在认知心理学中,"身份"一词是指自我反思和自我觉知的能力。身份认同是心理学和社会学的概念,这既包括向内观照的身份归属问题,类似一种准入机制,即"我是谁""什么样的人跟我是一群人",也包括对外审视的问题,即"他人是谁""什么样的人是与我不同的"。

观察可见,当地满族人基本都对自己的民族身份有相当程度的认同,他们了解家族史、满族屯的历史传说,很在意满族人已经不会说满语一事,有的表现出想要学习满语的意向。这是一种由家庭教育、社会化共同促成的认知体系,即使表面看来已经和蒙古族无较大差异,由于姻亲关系和交往密切也并无明显矛盾,但他们均表现出一种根植于思维内部的区分"自我"和"他者"的机制。

(三)群体行为模式及阐释

韦伯等学者将文化类比为群体内部自己编织的意义之网,因此在这一破译文化之网的比喻下,对文化的研究分析不应是像实验科学那样探究客观存在的一般规律,而应是一种探求意义的解释科学。格尔茨指出民族志研究应追求"深描(thick description)",这种视角下人类学的宗旨便是扩大人类话语（discourse）的范围，"文化不是一种引致社会事件、行为、制度或过程的力量（power）；它是一种风俗的情景，在其中社会事件、行为、制度或过程得到可被人理解的——也就是说，深的——描述。"①

在格尔茨看来，文化的概念是指从历史上沿袭下来的、体现于象征符号中的意义系统，人们以此达到沟通目的和建构起对生活的知识和态度。而进行这样的符号研究，格尔茨所需要切入的观察点是"文化持有者的内部眼界"。格尔茨就此提出两个解释的视角：一是 emic，是文化承担者本身的认知，代表着内部知识体系的传承者，它应是一种文化持有者的唯一的谨慎的判断者和定名者，一般译作主位分析。二是 etic，则代表着一种外来的、客观的、科学的观察，它代表着一种用外来的观念来认知、剖析异己的文化，一般译作客位分析。

一是在总体趋同的前提下强调差异。差异并不是显像的、鲜明的，而是在人群内个体的阐释过程中被强调的。

二是将一些差异的成因解释成族内特有文化现象。当地部分词汇与常用语的差异，部分婚俗、丧葬习俗的差异成因实际上比较复杂，这在前文已做详述。有些差异现象的存续确与来到此地的满族人与蒙古族人客观存在的差异有关。

三是将历史传说上升至共同记忆。在满族屯来历的问题上，当地人口述的历史传说与研究论著出现版本分歧，通过史实考证、文献分析并不能敲定这些满族人的祖先是以什么样的身份、随哪一位公主出嫁、何时何故最终定居在满族屯的，传说版本与史实考证还有更多细节差异难以穷举。但当地人普遍把"我们是公主陪嫁人的后代"上升至祖先记忆，在家族内部代代相传，地方志与研究论著等出版物加强了这种认知在当地人心中的权威性，也促成了这种想法的强化。

四是应对刻板印象的态度。满族屯内"一些满族人脾气不好、倔强、不好相处"等说法不仅见于外部他者的评价，也见于内部自我举例说明

---

① 克利福德·格尔茨：《文化的解释》，韩莉译，译林出版社 2008 年版，第 16 页。

"满、蒙有什么差别"的场合。做出这一评价的外部人员，可能是出于切身经历的社会交往中某一满族人行为表现的场合做出的判断，也可能是掺杂了生活中他人经验、刻板印象等因素。

当地满族人对差异现象的解释系统呈现出这种倾向，"概念性的结构形成无形的能力"，例如，共同祖源对建立身份认同有很大帮助，研究者关注的传说与史实的出入并没影响到满族人对这段祖先记忆的确信和传递，这一过程中满族人对民族身份的认同感和归属感不断强化，这一点也体现于满族人对满、蒙在节日、词汇、礼节等文化现象与习俗差异的标记与解释上。

事实与解释之间存在层级差异，作为观察者和研究者，仅从查阅史料文献和梳理、总结现象规律这一层级——格尔茨所谓客位（etic）视角——开展研究是远不足够的。当事人很少考虑历史传说的真伪、思考语言中某些词的词源这些"事实"层面的问题，实际上正如"意义之网"的比喻，身处社会生活中的个体不必掌握系统的知识才能自我审视，当地人对祖源、差异等问题的解释系统或是建立于不成体系，甚至多次加工的信息来源上的，但这不影响他们在生活中有意识或无意识地建构与维持特定文化边界。

在文化接触、变迁和涵化的背景下，特定人群会在适应环境的同时，在某种程度上保留自身文化的原有特征，或者说保留与其他人群的文化差异。文化人类学应是对文化现象与规律兼顾客位视角与主位视角的更宏观层面的解释，即"解释之解释"。故此我们看到，当地一些满族人行为模式与解释系统呈现出强调差异、将一些差异的成因解释为族内特有的文化现象、将历史传说上升至共同记忆、应对刻板印象的态度复杂等几个特点。

结　语

黑龙江省是一个多民族散杂居的边疆省份，全省共有 53 个少数民族，人口超过 100 万，占全省总人口的 4%。其中世居本省的有满、朝鲜、蒙古、回、达斡尔、锡伯、赫哲、鄂伦春、鄂温克、柯尔克孜等少数民族。这些少数民族在长期的生产与生活实践中，创造了灿烂独特又丰富多样的文化形式，积淀深厚，特色鲜明，是黑龙江省地域文化的重要组成部分，也是龙江文化的根、龙江文化的魂。然而，随着社会发展与文化生态环境的变迁，以满语为代表的一些民族传统文化正呈现出濒危的趋势。这种濒危甚至是消失将对黑龙江省的文化结构造成不可弥补的损失，甚至改变黑龙江省文化的固有体系，影响龙江文化的发展与繁荣。因此，保护、传承民族优秀传统文化，不仅涉及对于龙江地域文化精神的认识与理解，对于龙江文化模式的确认，也涉及黑龙江省文化繁荣发展这一长期而重大的战略任务的实现。

　　满族文化影响深远。如在东北方言中，就有很多来自于满语的借词。如东北方言中的"咋呼""嘎拉哈""波罗盖""撒摸"等都来自满语。还有一些地名也是由少数民族语言音转而来，如"哈尔滨"（扁状岛子）、"呼兰"（烟囱）、"牡丹江"（弯曲的江）、"松花江"（天水）等。在东北地方传统民居中的万字炕、开西窗以及院落格局都受到了满族民居的影响，在东北传统饮食中可以找出许多满族传统饮食品类，如酸菜、火锅、炖菜等。这仅是在黑龙江或东北日常生活和文化形态上展现的满族文化元素。从文化模式层面而言，满族文化对黑龙江文化或关东文化的影响更为深刻。满族文化实际上构成了黑龙江文化结构中的底层内涵，在地域文化性格方面更体现出渔猎民族的勇敢、重武备、粗犷豪放、质朴热情等特征。当然，不可否认，清中期开始注入的流人文化，中东铁路修建暨境外移民带来的异域文化，闯关东带来的齐鲁文化等都对黑龙江文化产生了影响，并促使其不断提升。但正是他们那种开放、包容、勤于学习、踏实执着的文化传统，才使他们能迅速吸收这些外来文化中的先进部分并加以整合而实现自我启蒙、自我发展，也才能造就具有地域性标志的新的时代精神。

黑龙江省的满族文化遗产大部分都以自在的方式存在于民间，随着现代化的迅速发展，多数已经处于濒危状态，有的仅仅存在于个别老人的记忆之中。

保护优秀传统文化是挖掘历史文化资源、推动黑龙江省文化建设与发展的前提保证，从文化类型角度来看，也是在为人类文明进步提供动力与资源，是一项功在当代利在千秋的系统工程。

黑龙江省满族聚居区主要集中在如下几个地方。这几个地方之所以被本项目纳入集中调查地区，是由于其满族传统文化的保留各自具有不同的特色，代表了当前满族文化抢救保护的几个侧面。

1）黑龙江省黑河市大五家子乡的几个满族村落。有关该地区的满族文化状况，曾出现在著名学者史禄国的调查报告中（1920年），其后，在20世纪50年代的调查中，该地区的满族文化亦能完整保留。随着社会环境的变迁，当地满族文化发生了很大的变化。本研究组织人员对该地大五家子村及下马厂等自然村落做了集中调查，重点收集了该地满族传统民俗、语言现状等信息。通过调查发现，在该地区，满语在一些老年群体中尚有留存，个别老人在引导下尚能进行一些简单的对话，或可回忆起一些单词。在对一些60岁以上群体进行的访问调查中，得知该地的满族风俗习惯留存已经不多，仅在如婚丧嫁娶及节日等个别领域中尚有保留。同时，在调查中也发现，老年群体对传统文化流失的状态普遍流露出惋惜之情。也有对本民族传统文化热心的满族人自己出资建立满族文化展览馆，致力于传统文化抢救保护的个案存在。但综合来说，当地满族传统文化保护的力度还应继续加强，这需要政府和农垦组织的共同努力。调查组也深切感受到，有必要展开进一步的深入研究，阐明社会组织的变化与传统文化保留之间存在的关联机制。

2）齐齐哈尔市富裕县及嫩江县一些满族聚居村屯，特别是著名的三家子村。友谊乡三家子村的满语受到各界广泛的关注。根据本项目最近的调查确认，目前该村能够以满语会话的老人有 8 位，可部分通晓满语者亦有数名。由于该村满语保存状况最好，因而迄今为止的研究调查都将关注点集中在该村的语言留存上，而较少关注当地满语为何能够保留，并且对其所处的自然及社会环境缺少足够的重视。本次的调查查明当地语言的留存状况与所处环境之间的关联机制。可以确定，该地满语之所以能够传承至今，与其所处的自然及人文环境具有密切的关联。其一，该地春旱的气候特征造成早期人口密度低下的局面，这种局面有利于传统语言的保留。其二，源于三家子村所处的社会环境的特征。该村周边，五家子村为柯尔克孜族村，登科村为达斡尔族村，大小泉村则为蒙古族村。这些阿尔泰语系各民族杂居的村落，形成一个不同文化共存的区域语言环境。这种区域语言环境促使各民族都能相对完好地保存其语言和传统文化。

3）对于黑龙江省牡丹江市宁安市及周边满族聚居区域的调查。牡丹江市依兰岗村因其满族风俗的良好保留而得到关注。如在依兰岗满族村瓜尔佳氏举办的家祭活动中，就保留了众多的满族传统文化要素。该祭祀活动包括先期的淘米、镇米、祭星，次日上午的祭天、换索，下午的堂祭，傍晚的背灯祭，以及祭杆等程序。该家祭在人员规模上有时虽有所变化，但在程序上未发生改变。除了祭祀活动以外，该家族还专门集资建立"满族民俗馆"，为不定期举办各种传统文化活动，以及展示本家族具有纪念意义的实物提供场所。除去上述祭祀活动以外，该地区尚有一些非物质文化遗产内容留存，并且这些项目大都被列入不同等级的非物质文化遗产保护名录，在不同程度上得到政府的关注与支持。政府参与的直接目的在于文化旅游项目的建立及地区知名度的提升，而研究项目可以配合政府的管理，进一步提出更加合理的文化抢救保护方案。

总之，就黑龙江满族的现状看，在其民族构成体中，语言这一构成要素虽然已经基本上丢失，但是构成体的内核并没有受到毁灭性的伤害。虽如此，随着社会发展，其信仰、习俗等构成要素也都面临失去的危险。针对这一局面，近年来开展了一系列的文化抢救、保护活动。

数年来，我们多次实地考察少数民族聚居地区，感受了黑龙江省少数民族非物质文化遗产的丰富性与独特性，见证了黑龙江省在此方面取得的成就，研究团队感触颇多。既有目睹一项项宝贵的非物质文化遗产的独特魅力所带来的欣慰与自豪，也为那些年事已高的代表性传承人的质朴与执着所感动与敬佩。课题组每次调研都得到了调查对象和各地相关部门的大力支持与帮助，让我们深刻体会到他们的温暖。有了他们的热情帮助，我们才得以顺利完成调研任务。本研究课题之能够立项，离不开香港意得集团与香港大学饶宗颐学术馆的大力资助，在此，向他们表示由衷的感谢。

保护、传承黑龙江省少数民族非物质文化遗产是一项功在当代利在千秋的伟大事业，是对龙江文化精神家园的坚守和优秀传统的传续，更是时代赋予我们的责任与使命。虽然任务艰巨，时间紧迫，吾辈仍应勇于担当，奋力前行。

最后，交代一下本书的执笔分工。前言及导论由阿拉腾执笔；第一章、第二章第二节、第三章第一节及第二节、第四章由郭孟秀执笔；第二章第一节由苗嘉芮执笔；第三章第三节由于迪执笔；第五章由富雨诗执笔。

参考文献

[1] Barth, Fredrik. Ethnic Groups and Boundaries. The Social Organization of Culture Difference [M]. Boston: Little, Brown and Company, 1969.

[2] Ch M Taksami. Osnovnye problemy etnografii i istorii nivkhov [M]. Leningrad: Nauka, 1975.

[3] I S Gurvich. Etnicheskaya istoriya Severo – Vostoka Sibiri [M]. TIJe, M., 1966.

[4] I S Gurvich. Etnicheskaya istoriya narodov Severa [M]. Moskva: Nauka, 1982.

[5] Iu V Bromlei. Narody mira: istoriko – etnograficheskii spravochnik [M]. Moscow: Sovetskaia Entsiklopediia, 1988.

[6] M G Levin, L P Potapov. Peoples of Siberia [M]. Chicago: University of Chicago Press, 1964.

[7] S M Shirokogoroff. Psychomental Complex of the Tungus [M]. London: Kegan Paul, Trench, Truhner & Co. LTD, 1935.

[8] 戴庆厦, 王远新. 论我国民族的语言转用问题 [J]. 语言建设, 1987 (4).

[9] 杜家骥. 满族入关前后之取名及相关诸问题分析 [C] // 满学研究

（第二辑）．北京：民族出版社，1994.

[10] 鄂雅娜．察布查尔街名的文化内涵及其翻译 [J]．满语研究，2010（2）：46 – 50.

[11] 高娃．论满蒙联姻关系的形成、影响和内蒙古满族语言文化特点——以兴安盟科尔沁右翼前旗满族屯满族乡为中心 [J]．内蒙古民族大学学报（社会科学版），2017，43（6）：11 – 21.

[12] 关纪新．"后母语"阶段的满族 [J]．满语研究，2009（2）．

[13] 郭孟秀．入关前满族物质文化特征 [J]．满语研究，2006（1）．

[14] 韩学谋．边界·建构·认同——甘肃省会宁县赵氏家族民间信仰研究 [J]．青海民族研究，2018，29（3）：204 – 210.

[15] 季文慧．科尔沁右翼前旗满族屯满族乡满族春节习俗探析 [D]．呼和浩特：内蒙古师范大学，2013.

[16] 季永海，白立元．三家子村满语和汉语的关系 [J]．中央民族学院学报，1990 增刊．

[17] 李洁平．"伊兰孛"屯的形成及其族俗 [J]．黑龙江文物丛刊，1981（1）．

[18] 刘桂腾．萨满教与满洲跳神音乐的形成及其流变 [J]．音乐研究，1992（3）：81 – 87.

[19] 刘宏宇．新疆察布查尔锡伯族语言使用情况比较研究——母语保持及相关语言现象 [J]．满语研究，2006（2）：76 – 85.

[20] 刘景宪，吴宝柱，蒋理．抢救满语 迫在眉睫——三家子满族村满语现状调查报告 [J]．满语研究，1997（2）．

[21] 王庆丰．爱辉满语概况 [J]．民族语文，1984（5）．

[22] 吴伟伟．民族认同的多重表述 [D]．呼和浩特：内蒙古大学，2010.

[23] 晓春．扎萨克图郡王旗满族屯满族婚姻习俗研究 [D]．北京：中央民族大学，2011.

[24] 赵阿平，郭孟秀，唐戈．满 – 通古斯语族语言文化抢救调查——富裕县三家子满族语言文化调查报告 [J]．满语研究，2002（2）．

［25］奥斯瓦尔德·斯宾格勒. 西方的没落（第二卷）［M］. 吴琼，译.
上海：上海三联书店，2006.

［26］本溪满族自治县党史地方志办公室. 本溪满族自治县志（F）［M］.
沈阳：辽宁民族出版社，2009.

［27］曹保明. 神奇的长春［M］. 长春：吉林大学出版社，2003.

［28］陈佳华. 满族史入门［M］. 西宁：青海人民出版社，1987.

［29］邓天红. 流人学概论［M］. 哈尔滨：黑龙江大学出版社，2014.

［30］郑天挺. 清史（上编）［M］. 天津：天津人民出版社，2011.

［31］丁石庆. 达斡尔语言与社会文化［M］. 北京：中央民族大学出版
社，1998.

［32］杜家骥. 清朝满蒙联姻研究［M］. 北京：中国人民大学出版
社，2003.

［33］鄂尔泰，等. 八旗通志初集［M］. 哈尔滨：东北师范大学出版
社，1985.

［34］恩和巴图. 满语口语研究［M］. 呼和浩特：内蒙古大学出版
社，1995.

［35］房玄龄. 晋书［M］. 北京：中华书局，2000.

［36］富育光. 图像中国满族风俗叙录［M］. 济南：山东画报出版
社，2008.

［37］郭孟秀. 日常生活批判视野下的满族文化［D/OL］. 哈尔滨：黑龙
江大学，2009.

［38］国家图书馆出版社. 李朝实录［M］. 北京：国家图书馆出版
社，2012.

［39］海德格尔. 存在与时间［M］. 陈嘉映，王庆节，译. 北京：生活·
读书·新知三联书店，1987.

［40］韩晓时. 满族民居民俗［M］. 沈阳：沈阳出版社，2004.

［41］何俊芳. 中国少数民族双语研究：历史与现实［M］. 北京：中央民
族大学出版社，1998.

[42] 吉林省民族研究所. 萨满教文化研究 第1辑 [M]. 长春：吉林人民出版社，1988.

[43] 纪永长. 富裕县五十年史 [M]. 哈尔滨：黑龙江省新闻出版局，1999.

[44] 季永海，赵志忠，白立元. 现代满语八百句 [M]. 北京：中央民族学院出版社，1989.

[45] 姜成厚，纪永长. 富裕县志 [M]. 北京：中共党史出版社，1990.

[46] 蒋良骐. 东华录 [M]. 济南：齐鲁书社，2005.

[47] 蒋秀松，王兆兰. 明经世文编：东北少数民族史料摘编 [M]. 天津：天津古籍出版社，1992.

[48] 金启孮. 满族的历史与生活——三家子屯调查报告 [M]. 哈尔滨：黑龙江人民出版社，1981.

[49] 金启孮. 满族的历史与生活 [M]. 哈尔滨：黑龙江人民出版社，1981.

[50] 卡尔·雅斯贝斯. 卡尔·雅斯贝斯文集 [M]. 朱更生，译. 西宁：青海人民出版社，2003.

[51] 克利福德·格尔茨；文化的解释 [M]. 韩莉，译. 南京：译林出版社，2008.

[52] 李茂慧，潘华. 黑龙江省少数民族非物质文化遗产的分类及特征 [J]. 中外企业家，2018 (34)：235-236.

[53] 李秀莲. 金源春秋——女真社会文明的演进及其流变研究 [M]. 哈尔滨：黑龙江人民出版社，2018.

[54] 李延寿. 北史 [M]. 北京：中华书局，1975.

[55] 李燕光，关捷. 满族通史 [M]. 沈阳：辽宁民族出版社，2001.

[56] 李燕光，关捷. 满族通史 [M]. 2版（修订版）沈阳：辽宁民族出版社，2003.

[57] 凌纯声. 松花江下游的赫哲族 [M]. 北京：民族出版社，2012.

[58] 刘锦藻. 清朝文献通考 [M]. 杭州：浙江古籍出版社，1988.

［59］刘小萌，定宜庄. 萨满教与东北民族［M］. 长春：吉林教育出版社，1990.

［60］刘小萌. 满族从部落到国家的发展［M］. 沈阳：辽宁民族出版社，2001.

［61］满都呼，段瑞渊，宋肃瀛，等. 黑龙江省爱辉县大五家子乡大五家子村满族调查报告（节选）［M］//满族社会历史调查. 沈阳：辽宁人民出版社，1985.

［62］米尔恰·伊利亚德. 神圣与世俗［M］. 王建光，译. 北京：华夏出版社，2002.

［63］欧文·戈夫曼. 污名——受损身份管理札记［M］. 宋立宏，译. 北京：商务印书馆，2009.

［64］奇车山. 衰落的通天树：新疆锡伯族萨满文化遗存调查［M］. 北京：民族出版社，2011.

［65］钱穆. 中国历史研究法［M］. 北京：生活·读书·新知三联书店，2001.

［66］清太宗实录［M］. 北京：中华书局，1984.

［67］让-保罗·萨特. 辩证理性批判（第一卷）［M］. 林骧华，徐和谨，陈伟丰，译. 合肥：安徽文艺出版社，1998.

［68］任翔，赵艳. 红草原［M］. 海拉尔：内蒙古文化出版社，2013.

［69］史禄国. 北方通古斯的社会组织［M］. 吴有刚，赵复兴，孟克，译. 呼和浩特：内蒙古人民出版社，1985.

［70］史禄国. 满族的社会组织——满族氏族组织研究［M］. 高丙中，译. 北京：商务印书馆，1997.

［71］舒乙. 老舍讲北京［M］. 北京：北京出版社，2005.

［72］松本真澄. 中国民族政策之研究：以清末至1945年的"民族论"为中心［M］. 北京：民族出版社，2003.

［73］宋德胤. 黑龙江民俗［M］. 兰州：甘肃人民出版社，2004.

［74］孙进己，孙泓. 女真民族史［M］. 桂林：广西师范大学出版

社，2010.

[75] 孙吴县志编纂委员会办公室. 孙吴县志［M］. 哈尔滨：黑龙江人民出版社，1991.

[76] 索绪尔. 普通语言学教程［M］. 北京：商务印书馆，2009.

[77] 滕绍箴，滕瑶. 满族游牧经济［M］. 北京：经济管理出版社，2001.

[78] 佟靖仁. 内蒙古的满族［M］. 呼和浩特：内蒙古大学出版社，1993.

[79] 王树楠等. 奉天通志［M］. 沈阳：沈阳古籍出版社，1983.

[80] 王兆明. 黑河地区志［M］. 北京：生活·读书·新知三联书店，1996.

[81] 魏国忠. 肃慎［M］. 哈尔滨：黑龙江人民出版社，2017.

[82] 乌丙安. 神秘的萨满世界——中国原始文化根基［M］. 上海：三联书店上海分店，1989.

[83] 乌拉熙春. 满洲语语音研究［M］. 日本京都立文社，1992.

[84] 乌日图巴雅尔，宝力道，希恩塔本，等. 札萨克图郡王旗满族那拉［M］.呼和浩特：内蒙古教育出版社，2008.

[85] 吴振棫. 养吉斋丛录［M］. 北京：北京古籍出版社，1983.

[86] 西清. 黑龙江外记［M］. 哈尔滨：黑龙江人民出版社，1984.

[87] 徐海燕. 满族服饰［M］. 沈阳：沈阳出版社，2004.

[88] 徐珂. 清稗类抄［M］. 北京：商务印书馆，1918.

[89] 徐珂. 清稗类钞［M］. 北京：中华书局，1984.

[90] 徐梦莘. 三朝北盟会编（卷三）［M］. 上海：上海古籍出版社，2008.

[91] 徐世璇. 濒危语言研究［M］. 北京：中央民族大学出版社，2001.

[92] 徐宗亮，等. 黑龙江述略［M］. 哈尔滨：黑龙江人民出版社，1985.

[93] 逊克县地方志编纂委员会. 逊克县志［M］. 哈尔滨：黑龙江人民出

版社，1991.

[94] 杨宾，方式济，吴振臣. 龙江三纪 ［M］. 哈尔滨：黑龙江人民出版社，1985.

[95] 杨锡春. 满族风俗考 ［M］. 哈尔滨：黑龙江人民出版社，1988.

[96] 杨余练，王革生，张玉兴，等. 清代东北史 ［M］. 沈阳：辽宁教育出版社，1991.

[97] 叶蜚声，徐通锵. 语言学纲要 ［M］. 北京：北京大学出版社，1997.

[98] 张碧波，董国尧. 中国古代北方民族文化史民族文化卷 ［M］. 哈尔滨：黑龙江人民出版社，1993.

[99] 张博泉. 东北地方史稿 ［M］. 长春：吉林大学出版社，1985.

[100] 张佳生. 中国满族通论 ［M］. 沈阳：辽宁民族出版社，2005.

[101] 张璇如，陈伯霖，谷文双，等. 北方民族渔猎经济文化研究 ［M］. 长春：吉林人民出版社，2005.

[102] 赵阿平. 满族语言与历史文化 ［M］. 北京：民族出版社，2008.

[103] 赵尔巽. 清史稿 ［M］. 北京：中华书局，1976.

[104] 赵尔巽，等. 二十五史全书 第10册 清史稿 ［M］. 呼和浩特：内蒙古人民出版社，1998.

[105] 赵金纯. 三家子村历史沿革概述 ［M］//富裕县文史资料第7辑. 富裕县政协文史资料研究委员会，1995.

[106] 赵令志. 清前期八旗土地制度研究 ［M］. 北京：民族出版社，2001.

[107] 赵展. 尼山萨满传 ［M］. 沈阳：辽宁人民出版社，1988.

[108] 赵志辉. 满族文学史 第1卷 ［M］. 沈阳：辽宁大学出版社，2012.

[109] 赵志忠. 满族文化概论 ［M］. 北京：中央民族大学出版社，2008.

[110] 震钧. 天咫偶闻 ［M］. 台北：文海出版社，1973.

[111] 中国社会科学院民族研究所民族历史研究室. 民族史论丛 第1辑 ［M］. 北京：中华书局，1987.